Peter Kirsch

Kleine Happen und Hannah

Geschichten und ein Bühnenstück

Peter Kirsch

Kleine Happen
und
Hannah

Geschichten und ein Bühnenstück

Rediroma-Verlag

Bibliografische Information der Deutschen Nationalbibliothek:
Die Deutsche Nationalbibliothek verzeichnet diese Publikation in der Deutschen Nationalbibliografie; detaillierte bibliografische Daten sind im Internet über http://portal.dnb.de abrufbar.

ISBN 978-3-98527-656-1

Umschlagillustration: Salmanalfa (shutterstock.com)
Bild Ährenmaid von Anton Filkuka (Seite 127) © Auktionshaus im Kinsky, Wien
Zur Erwirkung der Reprorechte für die Gemälde von Filkuka konnte leider kein Rechtsträger ausfindig gemacht werden. Die Gebühren kann der Rechtsträger jedoch vom Autor jederzeit nachfordern. p.kirsch@a1.net
Bild Hannah (Seite 111) © Peter Kirsch

www.rediroma-verlag.de
16,95 Euro (D)

Vorwort

Bei meinem Beruf als Bauingenieur musste ich nicht nur berechnen und zeichnen, sondern auch häufig Schriftstücke verfassen. Weil ich dadurch im Formulieren ziemlich in Übung kam und mit solchen Tätigkeiten auch Freude hatte, bin ich nach Berufsende ohne großen Anlass zum Schreiben gekommen. Als erstes drängte sich da die Autobiographie meiner Jugend auf, einerseits um mich selbst wieder zu erinnern, andererseits in der irrigen Meinung, das könnte vielleicht meine Nachkommen interessieren.

Letztendlich ist in der Folge dann das Schreiben zu einer erbaulichen Nebenbeschäftigung geworden. Es wurde daraus das Buch „Leidenschaft". Im dortigen Vorwort ist festgehalten, wie ich ins Schreiben hineingefunden habe. Der Erfolg dieses Buches, für das der Verlag keine Promotion beisteuerte, sodass es im Handel völlig unbekannt blieb, beschränkte sich auf Leser aus meinem erweiterten Freundeskreis.

Die dort ursprünglich gestellte Frage, „wozu schreiben, wer will das lesen?", war damit nur unzulänglich beantwortet. Vor allem aus dem Kreis meiner Berufskollegen kam nur fallweise Echo, was nicht verwundert, wie ich heute weiß, weil die typischen Ingenieurmenschen für Lesen und Literatur eher weniger übrighaben und ihre karge Freizeit anderweitig verplanen. Nach einem Reifungsprozess, bei dem mir Verena Halvax und unsere Schreibgruppe sehr geholfen haben, glaube ich die Antwort auf die einleitend gestellte Frage gefunden zu haben. Ich schreibe, weil mir das Formulieren und das Fabulieren einfach Spaß macht. Genau das möchte ich auch beim Leser bewirken: Unterhaltung, Spannung und hoffentlich auch ein gelegentliches Schmunzeln. Mein Anspruch ist es, flüssige Texte zu verfassen. Ich möchte nicht, dass sich der Leser am Ende eines Satzes am Kopf kratzt und den Satz ein zweites Mal lesen muss.

Viele Geschichten habe ich in dieses Buch gepackt. Sie ordnen sich keinem bestimmten Thema unter. Da geht es um Skurriles, Ernstes und auch Beschauliches. Es wird hoffentlich jeder Leser einiges finden, was ihm zusagt.

Man hat mir beigebracht, dass man Texte durch direkte Rede besonders gut mit Dynamik ausstatten kann. Aus solchen Übungen ist dann „Hannah", ein Bühnenstück mit 12 Szenen, entstanden. Ich befürchte allerdings, dass es kaum tauglich für eine Aufführung ist. Für ein richtiges Drama ist das Stück zu kurz, mit zu wenig Nebenhandlung und im Zeitalter der In-Vitro-Befruchtung ist das Hauptthema längst nicht mehr so aktuell wie 1930. Kleine Bühnen brauchen hingegen Heiterkeit, Verwechslungen und Dummheiten.

So nebenbei durfte ich erleben, dass eine Schreibgruppe das Leben eines alten Mannes erheblich aufwerten kann. Vielleicht tragen das Schreiben und das Echo der Gruppe auch zum Erhalt der geistigen Frische bei. Zumindest einbilden wird man sich das doch dürfen.

Linz, Sommer 2022

Inhaltsverzeichnis

Ausflug auf den Schafberg

Zwischen Salzburg und Bad Ischl
fahrt a klane Eisenbahn,
raucht a bissl, pfaucht a bissl.
bis sie nimmer weiter kann.

Das Ende des großen Krieges lag gerade einmal 14 Monate zurück, ich war in meinem letzten Vorschuljahr und es ging uns eigentlich recht gut. Die Familie war wieder beisammen und mein Vater hatte eine ansprechende Arbeitsstelle. Wir mussten jedoch zum Halbjahr aus unserer Notunterkunft ausziehen und hätten umgehend in eine neue Dienstwohnung in einer Wohnbaracke einziehen sollen. Deren Fertigstellung verzögerte sich leider um drei Wochen, aber Vater wusste Rat. Eine Woche wohnten wir im Gasthaus und für zwei Wochen wollten wir Urlaub machen, Urlaub in Traunkirchen. Das war im Juli 1946 der pure Luxus!

Wir wohnten im Gasthof Weiermayer, direkt neben dem Pfarrhof, dort, wo jetzt das Seehotel mit dem Gourmettempel ‚Bootshaus' seine Gäste verwöhnt. Wir verbrachten wunderbare Sommertage und als Höhepunkt hatte sich mein Vater etwas Besonderes ausgedacht: Am Namenstag von Mutti, am 23. Juli, machen wir einen Ausflug auf den Schafberg!

„Nein, wir machen keine große Wanderung; wir fahren alles mit der Bahn und dem Schiff und du kannst ruhig deine neuen Leinenschuhe anziehen." Das war meiner Mutter recht, denn ihre neuen Sommerschuhe, mit denen sie große Freude hatte, wollte sie nicht gefährden. Nach einem frühen Frühstück ging es los. Erste Etappe mit der Eisenbahn nach Bad Ischl, dann umsteigen in die kleine Schmalspurbahn, Richtung Salzburg, bis zum Südufer des Wolfgangsees. Mit dem Motorschiff erreichten wir St. Wolfgang und standen schon kurze Zeit später bei der legendären Zahnradbahn.

Bei prachtvollem Wetter klettern wir den Berg hinauf. Die kleine Lok stampft und pfaucht und macht mit schrillen Pfiffen auf sich aufmerksam. Wenn es die Dampf- und Rauchwolken nicht verhindern, sind die Blicke in die Tiefe grandios. Oben angekommen müssen wir noch auf einem recht guten Weg einige Meter zum Gipfel hinaufsteigen, dort, wo auch das Hotel steht. Das Panorama ist überwältigend! Aber sehr lange können wir nicht herumschauen, denn wir müssen rechtzeitig vor der Rückfahrt im Hotel etwas essen.

Der Speisesaal ist sehr groß. Es wird ein Einheitsmenu angeboten und die Bedienung beginnt mit dem Abschneiden der Lebensmittelkarten. Na ja, es dauert, bis das Service losgeht. Ah, dann geht die große Pendeltüre auf und ein Speisenträger balanciert auf seiner Schulter ein sehr großes Tablett mit vielen Suppen in den Saal. Vielleicht war das Tablett zu groß, jedenfalls verliert er das Gleichgewicht und stürzt. Scherben und Suppe – es ist Haferschleimsuppe – verteilen sich am Boden. Man reinigt notdürftig und wir warten. Mein Vater ist leicht nervös und schaut auf die Uhr.

Dann geht es doch weiter. Eine Kellnerin kommt mit den ersten Hauptspeisen in den Saal. Leider hat sie die Tücke des Haferschleims unterschätzt. Sie rutscht aus und das Essen landet dort, wo schon die Suppe war. Langsam macht sich Panik breit, beim Personal sowieso, aber irgendwie auch bei uns. Mein Vater schaut auf die Uhr. Der Chef des Hauses betritt den Saal mit tausend Entschuldigungen und verspricht, dass es für alle ehest ein Ersatzessen geben wird.

Das Ersatzessen lässt lange auf sich warten und kommt dann in Form eines Grießschmarrns. „Schnell essen und geht gleich vor zum Bahnsteig, ich zahle und laufe euch nach.“ Mutti und ich hasten aus dem Hotel. Neuerliche Panik! Dort unten steht der Zug schon abfahrbereit! Bitte noch eine Minute! Wir rufen, wir laufen, wir winken dem Schaffner, mein Vater hat uns fast schon eingeholt. Der Schaffner winkt freundlich zurück, hebt die Hand und gibt dem Lokführer das Zeichen zur Abfahrt. Die Lok pfaucht wir rennen, der Schaffner steigt aufs Trittbrett, der Zug fährt los und wir erreichen ihn nicht mehr!

Vater ist verzweifelt. „Nur mit diesem Zug haben wir Anschluss nach Ischl, damit wir dort noch den letzten Zug nach Traunkirchen erreichen. Aber die Zahnradbahn muss jetzt eine große Spitzkehre zur Schafbergalm fahren. Wenn wir über die steile Wiese zur Alm laufen, erreichen wir dort den Zug vielleicht noch.“ Aber jeder sei gewarnt Entschlüsse in einer Paniksituation zu fassen! Und es kam so, wie es bei nüchterner Betrachtung absehbar gewesen wäre. Ein Abstieg im weglosen Gelände mit Leinenschuhen statt Bergschuhen ist nicht nur gefährlich, sondern jede Zeitkalkulation ist zum Scheitern verurteilt. Wir haben gerade die gute Hälfte der Gipfelwiese bezwungen und schon sehen wir den Zug bei der Schafbergalm andampfen. Für uns gänzlich unerreichbar.

Als wir endlich zur Schafbergalm kommen, hören wir den Zug schon in der unteren Bergregion pfeifen. Die neuen Leinenschuhe schauen nicht mehr gut aus. Es folgt die nächste Panikreaktion. Meine Mutter ist einverstanden mit einem Fußabstieg am markierten Wanderweg nach St. Wolfgang. Allerdings im Schweinsgalopp, denn es besteht eine winzig kleine Hoffnung, dass wir zumindest das maßgebliche Motorboot doch noch erreichen. Wir hasten tapfer und schweigsam ins Tal. Vom Gipfelhotel bis zum See werden es wohl mehr als zwei Stunden Gewaltmarsch gewesen sein. Die neuen Leinenschuhe sind bald nur mehr Fetzen. Schnell hinunter zur Anlegestelle! Wir kommen hin – um Himmels Willen! Das Schiff hat schon abgelegt und schwimmt etwa 50 Meter vom Ufer entfernt.

Unsere Enttäuschung ist riesengroß. Fast hätten wir es geschafft. Wir sind schrecklich durstig und müde. Die erzwungene Pause verbringen wir auf der Terrasse einer Gastwirtschaft. Zwei Stunden später fahren wir mit dem Schiff über den See zum nächsten Lokalbahnzug nach Bad Ischl. Dort stehen wir dann schlussendlich ratlos am leeren Bahnsteig. Es ist Abend. Die große Bahn hat heute schon Dienstschluss. Der nächste Zug nach Attnang fährt morgen um 5 Uhr. Meine Eltern versuchen mich zu trösten. Es sind zwar 17 Kilometer nach Traunkirchen, aber wenn wir tüchtig marschieren, könnten wir in vier Stunden unsere Betten erreichen …

Bald liegen die letzten Häuser der Stadt hinter uns. Mutti geht jetzt barfuß, denn von den neuen Leinenschuhen ist nichts mehr übriggeblieben. Und die Fußsohlen? Au weih ... Mein Vater lässt mich ein paar Minuten auf den Schultern reiten. Es ist recht still geworden, praktisch kein Verkehr. Wir winken bei jedem der ganz wenigen Autos, die uns überholen, aber keines bleibt stehen. Es wird ja langsam schon dunkel und wir werden wohl als Zigeuner wahrgenommen.

Und nach einem Marsch von ca. einer Stunde geschieht das Wunder. Von Süden nähert sich ein schwarzes Auto. Wir drehen uns um und winken. Eine große, vornehme Limousine fährt vorbei und bleibt nach kurzer Strecke stehen!! Wir laufen. Der Chauffeur mit Mütze steigt aus, einer seiner zwei Fahrgäste stellt die Fragen. Meine Eltern können mit wenigen Worten unseren traurigen Aufzug erklären und der Reisewusch nach Traunkirchen geht in Ordnung. Mutti ist den Tränen nahe. Nach 20 Minuten sind wir dann endlich beim Weiermayer, verabschieden uns mit tausend Dank und ich falle ins Bett.

Nicht zur Nachahmung geeignet, aber es war wirklich ein unvergessliches Erlebnis.

Jugendstreich

Ich war eigentlich ein braver Bursch, aber nicht immer. Das war auch notwendig, denn weiß kann nur als weiß erkannt werden, wenn es auch andere Farben gibt, insbesondere das Gegenteil, nämlich schwarz. Außerdem war ein gelegentlicher Fauxpas notwendig, damit das Oeuvre eines Musterschülers nicht dominiert.

Wir bewohnten in der 7. und 8. Klasse des BRG Kevenhüllerstraße ein Notklassenzimmer. Ein langer, breiter Gang, der früher allenfalls als Pausenareal diente, war abgemauert worden, wodurch ein langes, schales Klassenzimmer entstand, das an einer Längsseite und an der Rückseite reichlich mit Fenstern bestückt war. Geöffnete Fensterflügel ragten im Frühjahr in die einzige Gehzone und oft genug wurde eine Scheibe Opfer eines abrupt bewegten Ellenbogens. Die neue Scheibe mussten wir bezahlen und kaum war das Einsammeln von 3 Schilling pro Schüler abgeschlossen, musste schon die nächste Sammlung starten.

Dann war einmal große Pause, bevor wir zu einer Doppelstunde in den Turnsaal auswandern sollten. Es entspann sich wieder einmal eine muntere Klassenschlacht, Tafelzone gegen Fensterrückwand. Kreidestücke und auch der Schwamm flogen hin und her, aber im Übermut auch der Zeigestab, missbräuchlich zum Speer umfunktioniert. Die Rückwärtigen waren aufmerksam, duckten sich und der Speer durchschlug Innen- und Außenscheibe des Fensters. Dort blieb er dann, seiner Energie beraubt, erschöpft stecken.

Nicht schon wieder Geld einsammeln! Aber es fand sich eine gute Idee – ich bilde mir ein, sie stammt von mir: „Putzt alle Scherben nach innen und einer muss schnell hinunterlaufen und einen Wurfstein heraufbringen.“ Und so wurde es gemacht.

Als wir nach der Turnstunde wieder in unsere Klasse zurückkamen, war der Schulwart im Raum. „Was habt's denn da schon wieder angestellt?“

„Was denn bitte, wir haben mit dem kaputten Fenster nichts zu tun. Wir waren doch im Turnsaal.“ – „Da schaun's her, da liegt ein Stein!“

„Meiner Seel, hat da jemand von unten bis in den 3. Stock geschossen?“

„Na ja, mit einer Steinschleuder geht das bestimmt.“ – „Also wir waren das nicht. Wir waren im Turnsaal.“

Unser Klassenvorstand, einer von jenen, die noch an das Gute im Menschen glaubten, war über den Vandalismus Außenstehender empört und teilte mit, dass diesmal die Schule für die Neuverglasung aufkommen wird. Unser Lateinprofessor war aus einem anderen Holz geschnitzt. „Eins sag‘ ich euch; wenn so eine Unverschämtheit noch einmal vorkommt, dann dürft ihr euch auf die nächste Lateinschularbeit freuen!“

Es ist nicht mehr vorgekommen und die Freude auf die nächste Lateinschularbeit hielt sich in normalen Grenzen.

Das Unheimliche

Eigentlich begann es ja schon früher. Erfreut hatte man erfahren, dass bei unseren Nachbarn, den Tschechen, der harte Panzer des Kommunismus aufbrach. 1968 sprach man vom Prager Frühling; Dubcek propagierte den Kommunismus mit dem freundlichen Gesicht.

Ich war in jenem Jahr beim Bundesheer und hatte als Verheirateter das Privileg einer Heimschläfergenehmigung. Am 20. August traf ich wie jeden Tag vor 6:30 Uhr beim Torposten in Hörsching ein und fuhr in die Kaserne. Dann Frühstück mit den Kameraden in der Unterkunft und dazu Radiomusik. Nachrichten um 7 Uhr: „Heute Nacht sind Truppen der Roten Armee in der Tschechoslowakei einmarschiert. Panzer haben Prag besetzt ..."

Die Reaktion unseres Bundesheeres lief eigentlich langsam an. Offensichtlich war man von diesem Überfall überrascht worden. Natürlich ab sofort Ausgangssperre. Besonders dumm, dass ich schon länger für die nächste Nacht zur Bereitschaft eingeteilt war. Zum Abendapell mussten wir schon mit Kampfanzug und Stahlhelm antreten. Alarmzustand für die ganze Kaserne.

Die Bereitschaft – ich glaube, wir waren acht Mann – fasst MPs und je 60 Schuss Munition aus. Wir dürfen uns nur in voller Montur hinlegen. Kein richtiger Schlaf. 2.00 Uhr am Morgen: „Bereitschaft austreten!" Wir stehen wenige Sekunden später im Hof in Reihe. Der Vizeleutnant, unser Spieß, teilt uns mit, dass wir zum Flugfeld müssen und dort offensichtlich Sicherungsaufgaben übernehmen sollen. Mehr Informationen hatte er auch nicht.

Wir marschieren zu den Hangars am Flugfeld. Dünne Nebelschwaden ziehen übers Gelände. Was ist wirklich los? Wird ein Angriff auf den Flughafen, eine Invasion befürchtet? Ist das jetzt ein Ernstfall? Was sollen denn wir acht Manderln ausrichten wenn die Russen landen? Wohl ist keinem von uns dabei. Ich denke an meine Frau, meinen kleinen Sohn und mein zweites Kind, das in wenigen Tagen zur Welt kommen soll. Auch unserem Spieß ist das alles nicht geheuer. Vermutlich denkt er, dass er als Altgedienter aus der B-Gendarmerie nichts weniger braucht als ein Gefecht. Wir marschieren ohne Gleichschritt und leise, so als ob uns der Feind hören könnte.

Unser Trupp erreicht das Gebäude neben den Hangars. Licht nur bei einem Fenster, Türe geschlossen. Stille, beängstigende Stille. Warum tut sich hier nichts? Der Flughafen soll doch verteidigt werden.

Unser Spieß klopft energisch an die Tür. Das Fenster im 1. Stock öffnet sich. „Was wollt's ihr denn da?"
„Die Bereitschaft wär' jetzt da."
„Davon was i nix."
„Was soll'n wir denn machen?"
„Na gut, ich sperr auf. Ihr könnt's im ersten Stock in den Lehrsaal gehen."

Dort lümmelten wir auf den Tischen und Bänken. Sehr unbequem, besonders unsere schweren Brusttaschen mit der Munition hatten einen starken Drang nach unten. Der Morgen dämmerte und noch immer rührte sich nichts; niemand brauchte die Bereitschaft. Um 7:00 Uhr durften wir uns Frühstück holen und dann war der Spuk vorbei. Wir rückten wieder in unsere Quartiere ein.

Der Kolkschaden bei den Innbrücken in Kufstein

„Super habt ihr das gemacht. Das heutige Spanferkelessen ist ein würdiger Abschluss.“

„Ja, wir sind stolz auf das Geleistete, aber es gibt halt einen kleinen Wermuttropfen. Das zweite Hilfsfundament haben wir noch nicht aus dem Inn herausgebracht. Das hätte noch diese Woche erledigt sein sollen.“

„Na, das wird ja nicht so schlimm sein. Kostet halt eine kleine Pönale.“

„Leider steigt der Inn und hoffentlich macht uns das keinen Kummer.“

„Also Glück auf und Prost. Das Spannferkel schmeckt herrlich.“

++ ++ ++

„Hallo, spreche ich mit Baumeister Wagner?“

„Wagner hier. Wer will denn um 3 Uhr früh etwas von mir?“

„Hier Schatz vom Bezirksbauamt. Bei den Innbrücken hat sich der Pfeiler beim rechten Flussufer an der Unterwasserseite stark gesenkt. Vermutlich ein Kolkschaden. Wir brauchen dringend Flussbausteine und einen watfähigen Bagger, der im metertiefen Wasser stehend die Steine beim Pfeiler versenken kann. Verstehen Sie, wir müssen die Auskolkung stoppen, sonst stürzen die Tragwerke ein!“

„Au weija, das ist aber schlimm! – Aber ich kann Ihnen anbieten, dass in gut zwei Stunden ein Bagger zum Ufer kommt, und zufällig liegen in meinem Steinbruch circa fünf LKW-Fuhren Steine bereit.“

„Wenn das klappt, tausend Dank. Und, Herr Wagner, Sie haben etwas gut bei mir.“

++ ++ ++

Radiomeldung am 12. Juli 1990, 7 Uhr:

Heute Nacht hat ein Autofahrer beim Überqueren des Inns bei Kufstein bemerkt, dass sich die Autobahn erheblich gesenkt hat. Soweit bis jetzt bekannt wurde, ist ein Brückenpfeiler um etwa einen Meter abgesackt. Für die Brückentragwerke besteht Einsturzgefahr. Daher wurde für alle drei Tragwerke, die Wildbichlerstraße und beide Richtungsfahrbahnen der Inntal Autobahn, eine Totalsperre verordnet. An einer Umfahrungsmöglichkeit wird gearbeitet.

„Hast du das gehört?“

„Furchtbar! Ich glaube, ich weiß auch, warum. Das letzte Hilfspfeilerfundament könnte der Auslöser sein. Mein Mittagessen für heute kannst du streichen. Ich muss sofort nach Kufstein fahren.“

++ ++ ++

Ein schlimmes Bild. Das unterwasserseitige Tragwerk hängt bedenklich durch. Der Pfeiler beim rechten Ufer hat sich flussabwärts um mehr als einen Meter gesenkt und schief ist der auch.

„Bitte gehen Sie nicht unter die Tragwerke. Man weiß ja nicht…“

„Dann ist der Baggerfahrer da draußen aber ein Held. Hat man ihm gesagt, in welcher Gefahr er schwebt?“

Schulterzucken. Warten auf die Professoren der TU Wien und Innsbruck

Ah, da kommen sie. Unser erfahrenster Grundbauer und der Brückenpapst.

„War schon wer im Hohlhasten drinnen?“

Entsetztes Kopfschütteln.

„Also feig dürfen wir nicht sein und so schnell fällt so eine Brücke nicht herunter. Wir gehen jetzt da hinein und schauen uns das Rissbild im Hohlkasten an. So werden wir sehen, ob die Tragwerke noch eine Chance haben. Wir brauchen dazu Lampen!“

++ ++ ++

Liebe Anna,

leider muss ich Dir mitteilen, dass Du heuer in Kufstein bei Deiner Tante keinen Urlaub machen kannst. Wegen der maroden Innbrücken – der Teufel soll die Brückenbauer holen – rollt jetzt eine ununterbrochene Verkehrslawine durch die Stadt. Es stinkt und

man kann die Hauptstraße fast nicht mehr überqueren. Kein Tiroler Ort ist ungemütlicher. Bleib zu Haus, da kannst Du Dich sicher besser erholen.
Liebe Grüße von Deiner
Tante Amalie

++ ++ ++

„Es ist Mitte August, die Sanierung der Pfeilergründung läuft auf Hochtouren. Aber hinsichtlich der Tragwerke hat die heutige Besprechung wieder keinen wirklichen Fortschritt gebracht. Da ist noch vieles offen; wir brauchen einen Schlachtplan, ein Terminkonzept."
„Haben Sie sich schon Gedanken über die weitere Vorgangsweise gemacht?"
„Ja, Herr Ministerialrat, ich habe mir etwas überlegt und auf einem einfachen A4-Blatt ein Terminkonzept entworfen. Ich hatte sehr gehofft, dass wir heute unter Einbindung der Baufirma dieses Thema besprechen würden. Leider ist dies nicht gelungen."
„Zeigen's einmal her. Mh... und Sie glauben, es könnte gelingen die Wildbichlerstraße bis 15. November befahrbar zu machen? Das wäre wunderbar."
„Also wir sollten ehest mit der Firma darüber sprechen. Von der Pfeilerstabilisierung her ist es sicher möglich, aber Lager und Tragwerk erfordern noch viel Arbeit."
„Kann ich mir den Zettel mitnehmen?"

++ ++ ++

Kurier vom 23. August 1990
Das Ministerium für Bauten und Technik hat in der gestrigen Pressekonferenz mitgeteilt, dass gemäß der Expertenbesprechung vom Montag mit einer Freigabe des ersten Innbrücken-Tragwerkes in Kufstein schon Mitte November zu rechnen ist. Dann kann der Autobahnverkehr zumindest zweispurig von diesem Tragwerk aufgenommen werden und die Ortsdurchfahrt von Kufstein wird erheblich entlastet.

++ ++ ++

13. November 1990

„Also, heute sind alle von Rang und Namen aus unserer Branche da. – Ich glaube am meisten freut sich der Bürgermeister von Kufstein."

„Liebe Kollegen, ich glaube wir dürfen uns auf die Schulter klopfen. Wirklich alle, ich meine Gutachter, Planer und Baufirmen, haben großartig gearbeitet."

„Hätten Sie sich von dieser Elitetruppe etwas anders erwartet, Herr Baudirektor?"

Allgemeines Gelächter und fröhliche Gesichter.

„Nach der Verkehrsumlegung wird die Wildbichlerstraße in einer Stunde für den Autobahnverkehr freigegeben. Dann bittet die Baufirma im Landgasthof zu Tisch. Angeblich gibt es als Nachtisch eine Brückentorte mit einem schiefen Pfeiler. Glück auf."

++ ++ ++

„Guten Tag, Herr Professor. Darf ich fragen, wie weit Sie mit Ihrem Gutachten sind?"

„Auch guten Tag, ja leider noch nicht ganz fertig. Die Versuche im Wasserbau-Labor sind abgeschlossen."

„Und was konnten Sie aus den Versuchen an Erkenntnissen gewinnen?"

„Der fast ausschließlich auf Sandlinsen fundierte Pfeiler war durch die dünne Beschuppung des Flussgrundes nur wenig geschützt und das Hochwasser vom Juli 1990 wurde durch das verbliebene Hilfsfundament so ungünstig umgelenkt, dass es zum Durchbruch der Beschuppung kam, was sofort den tiefen Kolk zur Folge hatte."

„Also was war jetzt die wahre Ursache? Das Hilfsfundament, oder die Altlast der untauglichen Pfeilergründung?"

„Das Zusammenwirken von beiden."

„Man könnte also sagen, einem sicher fundierten Pfeiler hätte die Strömungsumlenkung durch das Hilfsfundament nicht geschadet."

„Ja, das ist so richtig.“
„Und genau so, Herr Professor, möchte ich das in Ihrem Gutachten lesen. Wir sind bei diesem großen Unglück ohne Tote oder Verletzte davongekommen. Das soll so bleiben. Ich will kein Gutachten, das womöglich eine Firma in die Pleite treibt und viele Familienerhalter arbeitslos macht.“
„Herr Hofrat, ich kann Sie gut verstehen. Niemand möchte zum finanziellen Schaden noch menschliches Leid dazu packen.“
„Vielen Dank, Herr Professor, für Ihr Verständnis.“

Die Bürgermeisterwahl

Nun ist es wieder so weit, die Wahl des Bürgermeisters soll in acht Wochen stattfinden. Mein Chef, dieses Charakterschwein, tritt zur Wiederwahl an. Leute einkochen, das kann er gut. Du willst höher bauen als im Bebauungsplan vorgesehen? Mit einem Bündel bunter Scheine wird das schon gehen. Die Frau Magister von der Apotheke am Hauptplatz braucht unbedingt noch zwei Parkplätze. Das geht auch ohne Geld oder Drogen, wenn sie die Beine breit macht.

Ich bin ihm schon lange auf die Schliche gekommen, aber als er begonnen hat, mich zu begrapschen, wenn wir allein im Büro waren, habe ich es mir geschworen: Der darf nicht noch einmal Bürgermeister werden und für weitere fünf Jahre mein Chef sein. Was tun? Beim einfachen Wahlvolk hat er die Mehrheit. Sein Konkurrent ist ein netter Lehrer von der Hauptschule, aber der hat weder eine Hausmacht noch Charisma und schon gar kein Geld für eine effektive Werbung.

Seit einem Monat bin ich mit einem Rechtsanwalt aus der Nachbarstadt liiert. Wir sind uns zufällig bei einer Wanderung begegnet und es war Liebe auf den ersten Blick, wie man so romantisch sagt. Erwin zeigte sich als ein ritterlicher Mann und ich erzählte ihm schon sehr bald von meinen Sorgen. Seine Empörung war groß und er versprach, dass er versuchen werde, unserem Bürgermeister eine Falle zu stellen. Ich schöpfte Hoffnung für die nächsten fünf Jahre.

Bald darauf meldete sich Erwin offiziell bei unserer Gemeinde und ich bekam mit, dass er in Vertretung eines deutschen Investors, der ein neues Wellnesshotel errichten wollte, beim Bürgermeister vorsprach. Zum vereinbarten Termin – sechs Wochen vor der Wahl – kam Erwin in einem großen, schwarzen Mercedes mit dem Investor angefahren. Der war anfangs sehr zurückhaltend. Er wolle erst einmal passende Grundstücke sehen und die Randbedingungen prüfen. Die drei Herren machten sich auf den Weg, hinunter zum See. Für mich gänzlich unverständlich, denn dort sind die Ufer zur Gänze als Grünzone gewidmet und es herrscht striktes Bauverbot. Zwei Stunden später kamen die drei in fröhlicher Stimmung zurück, warfen einen Blick auf die Katasterpläne und zogen sich dann in den Bräukeller zurück.

Am Abend rief mich Erwin an. „Alles in Butter, jetzt haben wir ihn." Gegen eine großzügige Wertsteigerungsabgabe – in zwei Tranchen – wäre die Umwidmung von Grünland und auch die Baugenehmigung zu machen. „Ich habe alles auf meinem zweiten Handy aufgenommen! Dabei dient die zweite Tranche in Höhe von 175.000,- Euro zur Finanzierung ‚spezieller Gemeindeprojekte' durch einen Sonderfond des Bürgermeisters."

„Also, wann gehen wir mit diesem Bestechungsnachweis an die Öffentlichkeit?", fragte ich.

„Hab noch etwas Geduld, die Bombe darf nicht zu früh gezündet werden."

Nach weiteren zwei Wochen wurde ich unruhig. Ich meldete mich vorlaut bei der Bezirksrundschau und informierte den Chefredakteur ausführlich. Er sollte sich das Material bei Erwin besorgen, es auswerten und den Skandalbericht vorbereiten.

Es geschah nichts und Erwin war für mich nicht zu erreichen. Stattdessen flatterte mir eine Anzeige von der Staatsanwaltschaft ins Haus. Der Chefredakteur hatte meine Information als Verleumdung und Anstiftung zu einer Straftat angezeigt. Trotz Aufwallen von allgemeiner Ungläubigkeit und großem Kopfschütteln wurde ich umgehend und fristlos aus dem Gemeindedienst entlassen.

Nun sitze ich beim Psychiater. Wie bin ich nur in diese Maläse geraten?

Bruchrechnen

„Also einen Bruch, zum Beispiel 3 gebrochen durch 4, könnte man …“ Der Lehrer wird durch einen Schüler aus der 3. Reihe unterbrochen:

„Bitte, wieso heißt das ‚gebrochen‘? Wir meinen doch ‚geteilt‘?“

„Ja ja, schon richtig, wir meinen damit ‚geteilt‘ oder auch ‚dividiert‘. Aber die Bezeichnung als Bruch, oder ‚gebrochen durch‘ ist von alters her in unserer Sprache verankert. Bruchrechnen ist als Teil der Algebra in der Mathematik ein fester Begriff.“

„Der ist aber sehr negativ besetzt! ‚Bruch und brechen‘ beinhaltet ein zerstörerisches Potential. Dabei hätte es doch gerade die Mathematik nötig, ihr schlechtes Image bei den Schülern zu verbessern, finden Sie nicht auch …“

„Und noch grauslicher ist das Wurzelziehen!“, tönt es aus der letzten Bank.

„Also das finde ich doch ein wenig spitzfindig. Aber gut, ich will das Thema nicht abwürgen. Die Mathematik kann man gar nicht schlecht machen, sie ist die reinste aller Wissenschaften. Brechen in der Bedeutung des Teilens ist uralt und kommt vom Brotbrechen, insbesondere vom Brechen von Fladenbrot, das schon im Altertum das maßgebliche Grundnahrungsmittel war. Und dieser Vorgang war tatsächlich sehr positiv besetzt und war deshalb in der Regel dem obersten Familienmitglied vorbehalten.“

„Ja, das stimmt! Das Brotbrechen hatte auch die Funktion einer Visitenkarte“, ruft ein Mädchen.

„Ha, was soll denn der Unsinn?“

„Bitte, das steht doch schon in der Bibel. Am Ostermontag wird es uns wieder in Erinnerung gebracht, wenn wir die Erzählung von den Emausjüngern hören. Am Abend erkannten die beiden Jünger den Fremden am Brotbrechen als den auferstandenen Herrn."

„Auch wenn das in der Bibel steht, ersetzt das Brotbrechen noch lange keine Visitenkarte. So, und jetzt ist Schluss mit der Philosophiererei. Wir haben Mathematikstunde und sollen das Rechnen mit Brüchen lernen. - Also zum Beispiel 3 gebrochen durch 4 könnte man auch als Dezi ..."

„Bitte noch eine Frage, Herr Professor, es gibt doch zwei Arten von Bruchstrichen, den waagerechten und den schrägen. Welcher ist denn nun besser oder richtiger?"

„Also, der waagrechte Bruchstrich ist universeller. Mit einem schrägen Bruchstrich könnte man einen Doppelbruch gar nicht sinnvoll darstellen."

„Aber beim Schreiben am PC hat sich halt der ‚slash' schon sehr breit gemacht ..."

„Die Mathematik ist eben ein wenig älter als ein PC. Der Anpassungsbedarf liegt daher beim PC. So, und jetzt ist Schluss! – Also 3 gebrochen durch 4 kann man auch als Dezimal ..."

„Bitte noch eine kritische Anmerkung. Der Vergleich mit dem Brotbrechen hinkt aber. Man kann nämlich das Brot nie in genau gleiche Teile brechen und außerdem gibt es immer Brösel."

„Jetzt ist aber Schluss mit dem Unsinn! Meine Geduld ist jetzt am Ende. – Wir wollen also 3 durch 4 brechen ..."

„Bitte, das geht aber gar nicht. Ein Dreier lässt sich nicht brechen, höchstens teilen!"

„Aber vielleicht lässt sich dein impertinenter Widerstand gegen meine Mathematikstunde brechen. Bis morgen wirst du alle zwölf Bruchrechnungen vom Lehrbuch Seite 143 lösen, aber bitte richtig, sonst gibt's wirklich Brösel und ich breche im Zeugnis deinen 3er auf einen 4er herunter!"

Riiiiing, riiiiing, riiiiing. Große Pause.

Laue Nacht am See

Der kleine Ort am idyllischen See kennt am Tag kaum Hektik, er hüllt sich in Beschaulichkeit. Ich habe das sehr genossen. Wird das in der Nacht anders sein? Heute werde ich es erforschen. Nach ausgiebigen Ruhepausen an einem schattigen Platz am See sollte ausreichend Energie für die zweite Tageszeit, die Nacht, verfügbar sein.

Die Sonne versinkt hinter Häusern und Bäumen. Im Gastgarten beenden die alten Kastanien ihren Dienst als Schattenspender und bilden jetzt eine Halterung für die kleinen Leuchtketten und Lampen und trennen sie vom freien Himmel, der offen ist bis ins tiefe All. Man sitzt daher im Freien, aber nicht im grenzenlosen Raum. Ich stärke mich für eine kleine Nachtwanderung. Dabei verwöhne ich meine Geschmacksnerven und meine Stimmung mit zwei Glas Rotwein, dem besten des Hauses.

Wohin soll die Nachtwanderung gehen? Unbedingt einmal um den Schlossberg auf einem spärlich beleuchteten Uferweg. Der Kies knirscht in der Dunkelheit offenbar viel lauter als am Tag. Zeitweise ist der Blick zum Himmel offen. Heute ist eine sternklare Nacht. Ich versuche mich zu orientieren, aber ohne Erfolg, der sichtbare Ausschnitt des Himmels ist mir zu klein, um bekannte Sternbilder und Sterngruppen zu erkennen. Nun ist der Schlossberg umrundet. Habe ich da ein Glühwürmchen gesehen? Tatsächlich! Sowas sieht man ja 2020 nur mehr sehr selten.

Inzwischen bin ich am Seeufer weitergegangen und lasse den Ort und die wenigen Spaziergänger zurück. In der großen Stille überhört man auch kleinste Geräusche nicht. Winzige Wellen plätschern ans Ufer, dort unten zirpt etwas. Es ist fast zum Erschrecken, da fliegt doch ein Nachtvogel vorbei! Ich setze mich auf eine Bank. Wenn ich in mich hineinhorche, fühle ich eine angespannte, aber vollkommen angstfreie Aufmerksamkeit. Der eingeschränkte

Gesichtssinn räumt im Gehirn das Feld für das Erlauschte der Ohren.

Über einen Wiesenweg und dann durch eine kleine Parkanlage führt mich der Weg zurück zum Ort. Hier ist der Himmel weit offen. Ja, jetzt kann ich etwas erkennen. Das Sommerdreieck, spannt sich vom Deneb im Schwan zum Atair im Adler, weiter zur Wega in der Leier und schließt sich dann zurück zum Deneb. Deutlich ist beim Deneb die Milchstraße zu erkennen. Wo kann man heute in den kommerziell überbeleuchteten Städten und Landstrichen noch die Milchstraße, unsere Heimatgalaxie, sehen? Es ist ein seltenes Erlebnis.

Noch einmal nehme ich Platz auf einer Parkbank und spüre schon einen Anflug von Taufeuchte. Noch einmal in die Nacht lauschen, die sich schon zum nächsten Datum neigt. Eine leichte Brise ist aufgekommen; dort drüben raschelt altes Laub. Was war das? Ich horche genauer hin. Da, hinter den Büschen, stöhnt jemand, aber ich merke schnell, dass dort keine Hilfe benötigt wird. Auch leise Schreie, wohl ein Anzeichen, dass sich der Erfolg eingestellt hat, kann ich unbeantwortet lassen. Mein Eingreifen wäre sicher gänzlich unerwünscht.

Und so gehe ich zum Ort zurück, unerwartet ein wenig angeregt. Eine Schöne der Nacht wäre wohl der krönende Abschluss dieser lauen Sommernacht. Aber nicht alles, was einem in den Sinn kommt, kann man haben. Vielleicht sollte ich es einfach nur aufschreiben.

Schwester Marie

Ergänzungsszene für einen Kitschroman aus dem Ärztemilieu

Schwester Marie war an diesem Tag schon sehr aufgeregt zum Dienst gekommen, denn sie wusste, dass heute der junge Arzt aus Argentinien ankommen würde. Sein Name, Dr. Ferreira, hatte sich schon vor langer Zeit, genau genommen vor 18 Jahren, in ihr Leben gedrängt. Es war eine ähnliche Konstellation wie heute. Dr. José Ferreira, der Vater des heutigen Ankömmlings, hatte in dieser Klinik mit seiner Fortbildung zum orthopädischen Chirurgen begonnen.

Marie verlor sich in der Erinnerung. So wie jetzt Schwester Romy vom Neuankömmling, war sie vom ersten Augenblick an vom Vater Ferreira fasziniert gewesen. Ein bildschöner Mann mit einer südländischen Ausstrahlung! Es hatte nicht lange gedauert und alle Frauen der Klinik, vom Reinigungspersonal bis zur Oberärztin Dr. Körner, waren von Dr. Ferreira hingerissen gewesen. Er war damals 40 Jahre alt, ein Mann in den besten Jahren, der nur einen großen Fehler hatte: Er war verheiratet! Seine Frau Sybille war eine Münchnerin und sie war mit dem Sohn Darius in ihre Heimatstadt zurückgekommen.

Marie war damals eine junge Schwester und gehörte zum Personal vom OP-Saal III. Und genau dort fanden die orthopädischen Operationen statt. Also war sie immer ganz nahe bei Dr. Ferreira, dem ihre ganze Bewunderung und Zuneigung gehörte. Die Konkurrenz war riesig, aber Marie glaubte aus gewissen Zeichen, Blicken und Worten zu erkennen, dass auch er, der Angebetete, von ihr wohlwollend Notiz genommen hatte.

Dann kam diese Nacht im Oktober. Am Tag zuvor hatten sie einem älteren Mann ein neues Knie eingesetzt, aber leider klappte

der Patient zusammen. Er musste auf die Intensivstation verlegt werden und Dr. José Ferreira hatte darauf bestanden, dass Marie auf der Station den Nachtdienst übernehmen sollte. Kurz nach Mitternacht erschien er dort persönlich, um selbst nach dem Rechten zu sehen. Marie erkannte sofort, dass ihr angehimmeltes Idol offensichtlich ein Problem hatte.
„Herr Dr. Ferreira, ist etwas vorgefallen? Geht es Ihnen nicht gut?“
„Ach, nichts von großer Bedeutung. Das wird schon wieder.“
„Kommen Sie doch ins Schwesternzimmer, ich mache Ihnen einen Tee oder eine Tasse Kaffee.“
„Ja, gerne, einen Kaffee könnte ich jetzt gut brauchen.“
Sie gingen gemeinsam ins Schwesternzimmer, Dr. Ferreira setzte sich auf die Polsterbank und Marie bereitete den Kaffee zu.
„Was ist denn wirklich los mit Ihnen? Herr Doktor, sind Sie etwa krank?“
„Nein, nein, es ist etwas Privates. Da möchte ich gar nicht darüber sprechen.“ Er machte eine kleine Pause. Dann gab er sich einen Ruck. „Ich hatte eine sehr unerfreuliche Auseinandersetzung mit meiner Frau.“
„Das hat Sie aber ganz schön hergenommen, wenn ich es so anmerken darf ...“
„Ich muss zugeben ich bin sehr enttäuscht und deprimiert. - Ah, der Kaffee tut wirklich gut.“
Marie sah ihn mitfühlend an. „Das tut mir sehr leid. Wie kann ich Sie aufmuntern?“

Dabei war ihm Marie auf der Polsterbank näher gerückt und hatte wie zufällig seine Hand berührt. Er seufzte tief, wandte sich ihr zu und sie blickten sich sehr ernst mit geweiteten Pupillen an. Waren es nur Sekunden oder war es doch länger? Dann nahm er sie ganz sanft in die Arme, legte seine Wange an die ihre. Sie spürte seine warme Haut, den Druck seiner Arme und Hände, konnte nicht länger halten und begann ihn zu küssen.

Die Küsse wurden ernster, inniger, sie verloren ihre Zartheit und wandelten sich mit Hilfe ihrer Zungen zur heftigen Gier. Beide spürten nur mehr Verlangen und Leidenschaft, die nicht mehr zu bremsen waren. Im Kopf von Marie entwickelte sich ein Feuerwerk von Gedanken. Einzig die klare Erinnerung, dass sie noch abends vor Dienstantritt ein frisches Höschen angezogen hatte, gab ihr etwas Sicherheit und Halt, um das haltlose Geschehen widerstandslos anzunehmen, bei dem nichts überflüssiger war als ihr Höschen.

Heute, 18 Jahre später, war sie wieder sehr aufgeregt. Gleich würde der Halbbruder ihrer Tochter Tanja hier eintreffen. Als sie Darius dann sah, war sie überwältigt. Ein Abbild seines Vaters! Wie schön er war! Diesmal musste sie aber stark bleiben. Die Verwicklungen, die da entstehen würden, wären einfach zu groß.

Die versteinerte Schnecke

Ich bin jetzt mehr als eine Stunde durch die Stadt gewandert. Sie ist nicht sehr groß und so konnte man bei einem Rundgang mehrere Ansichten kennenlernen. Mit See im Hintergrund oder mit Bergen, grünen Hügeln, oder mit dem dominanten Kirchturm. Letztlich war ich am Brunnplatz in ein kleines Café eingekehrt, genoss einen großen Braunen und sah mich dabei im Lokal um. Alles recht sauber, ein üppiges Kuchenbuffet und viele Gäste. Offenbar nicht nur Touristen, sondern auch Einheimische schätzen dieses Lokal. Dekorative Beleuchtungskörper ergänzen das durch die Fenster einfallende Tageslicht.

Mein Blick glitt zu dem eleganten Steinboden, geschliffene Kalksteinplatten in einem ausgeklügelten Muster verlegt. Es konzentriert sich zu einem Kreis, dessen Mittelpunkt von einer besonderen Steinplatte gebildet wird. Sie enthält eine aufgeschliffene, große Schnecke, ein interessantes Fossil. Spiralig wuchsen die Kammern von innen nach außen, schafften zwei ganze Windungen, bis die letzte, die größte Kammer nach außen offen endete. So genau kenne ich mich nicht aus, aber hier in der letzten großen Kammer, hat das Tier zuletzt gelebt.

Wann und wo hat es gelebt? Diese Frage gibt den Gedanken übergroßen Raum. Vor mehreren Hundertmillionen Jahren wird es gewesen sein, im Meer bevor das Leben an Land gekrochen ist. War das hier im Salzkammergut? War hier das Meer? Meine Kenntnisse von der Geologie protestieren. Der Kalk der Alpen ist bei der Auffaltung überschoben und irgendwann in Nord und Süd geteilt worden, als sich der Hauptkamm aufwölbte.

So ist diese Schnecke vermutlich in diese Gegend gekommen, aber da war sie wohl schon lange im Kalk eingebettet und erstarrt. Gelebt hat sie sicher in einem tropischen Meer mit üppigem Leben. War das ein Leben im Überlebenskampf oder ein Leben in paradiesischer Fülle? Wie hat ihr Leben geendet? Hat ihr vielleicht ein Raubfisch die friedlich angelnden Kopffüße weggebissen? Ein Kopffüßler ohne Kopffüße stirbt, sinkt zu Boden, Kalkausscheidungen anderer Lebewesen decken die tote Schnecke zu, sie versinkt in versteinernde Finsternis.

Jetzt liegt die Schnecke im Kaffeehaus und erfreut die Besucher, die ungeniert auf ihr herumtrampeln. Ein Wunder, das Millionen von Jahren gewartet hat, um zu erblühen. Ein Dasein in der Ewigkeit. Kein noch so mächtiger Pharao hat sich eine vergleichbare, die Zeit überdauernde Grabstätte schaffen können.

Was ist wohl das weitere Schicksal dieses Kopffüßlers? Das Kaffeehaus wird im Vergleich zur Vorgeschichte der Schnecke nur eine winzige Zeitspanne, vielleicht so lange wie meine eigene Lebensspanne Bestand haben. Dann kommen die Bagger und schieben das Haus weg. Ob da jemand das Fossil findet, die Schnecke birgt und vor der Zerstörung schützt? Wohl kaum. Zermalmt zu Bruchstücken wird sie vielleicht im Frostkoffer einer neuen Straße verschwinden, ein Ende im Nirwana. Jetzt ist der Höhepunkt ihres Daseins! Seien wir dankbar, dass wir den Schlusspunkt einer unglaublichen Geschichte mitfeiern dürfen.

Die freundliche Bedienung reißt mich aus meinen Gedanken: „Darf ich bitte abkassieren, wir haben jetzt Schichtwechsel."

Gerda

Gerdas Erwartungen hatten sich noch nicht erfüllt. Vor einem Jahr war sie von Hintertupfing am Talschluss hinunter nach Großtupfing, dem Tor zur großen weiten Welt, umgezogen. Um dieses Tor aufsperren zu können, braucht man keinen Schlüssel, sondern Cash. Über dieses Wundermittel verfügte sie als Änderungsschneiderin, die in einem Texiltempel arbeitete, jedoch nur sehr begrenzt. So blieb ihr Lebenshunger vorerst ungestillt. Sie erkannte schnell, dass es mit dem Wohlbefinden ohne einen Mann an ihrer Seite nicht klappen würde, einerseits monetär, andererseits auch physisch.

Es verging so fast ein Jahr, ungestreichelt und immer knapp bei Kasse. Dann wurde Gerda von einer Arbeitskollegin zum großen Jahresfest des Westernclubs mitgenommen, einem großen Barbecue mit Rodeo und Squaredance. Das Glück war ihr hold. Nachdem der mutigste Reiter des Rodeos bei der Siegerehrung lautstark beklatscht worden war, aß dieser sein T-Bone-Steak am Tisch bei Gerda. Er konnte mit Messer und Gabel umgehen, schmatzte nur dezent und stellte sich artig als Lucky Luke vor. Das war der Beginn einer anfangs sehr heißen Affäre, die aber nicht lange glücklich verlief. Lucky Luke redete nur vom großen Geld, hatte aber keines und ließ sich gerne von Gerda bekochen. Mit der Zeit war ihr auch sein Schenkeldruck zu heftig geworden und sie hatte ihm nicht abgewöhnen können, ihren Haarschweif als Zügel zu missbrauchen.

Das Problem löste sich dann von selbst. Eines Tages tat Luke kund, er sehe seine Zukunft in den USA, wo er Mitglied der PRCA – der *Professional Rodeo Cowboys Association* – werden wollte. Er sattelte seinen großen Koffer und zog der untergehenden Sonne entgegen, denn das war die Richtung zum Bahnhof von Großtupfing, wo der Abendzug nach Hamburg täglich einen kurzen Halt machte. Gerda war jetzt wieder frei, was sie für einige Zeit als

Erleichterung wahrnahm. Aber bald stellten sich bei gleichbleibendem monetärem Tiefstand auch körperliche Entzugserscheinungen ein. Da Gerda den Zufall für zu langsam und unverlässlich einstufte, beschloss sie, das Problem ‚Männer' mit Eigeninitiative zu beschleunigen.

Bald hatte sie herausgefunden, dass echte Männer, keine Rüpel und keine Schöngeister, die Bongo-Bar als Treff zum Umtrunk, zum Quatschen und auch zum Anbandeln bevorzugten. Dort wurde Gerda jetzt oft gesehen. Einer der dortigen Stammgäste war ihr sofort aufgefallen. Kräftig, beweglich, ein echt heißer Typ und bald wusste sie auch, dass er Hans Dampf hieß. Er hatte Gerda noch nicht beachtet, aber sie war entschlossen, am Samstag aufs Ganze zu gehen. Roch er den Braten oder war es ein blöder Zufall? Jedenfalls, als sie kurz den Blick vom Ziel ihrer Begierde abwandte, um der Kellnerin ihren Wunsch nach ‚Heißer Liebe' mitzuteilen, war Hans Dampf durch die Hintertür wie durch ein Ventil abgezischt. Sie konnte noch hören wie seine Maschine gestartet wurde, ein heißer Ofen mit dreistelliger PS-Zahl, und weg war er.

Nein, so deprimierend sollte dieser Abend nicht enden. Sie blickte sich im Lokal verstohlen nach anderen Kandidaten um, mit denen sie sich gemeinsame Freuden auf geteiltem Laken vorstellen konnte, und erspähte dabei Potz Blitz, den sie schon neulich als sehr elektrisierend bewundert hatte. Der war offenbar heute nicht gut drauf, denn er saß ziemlich unbeweglich an der Bar und statt dass seine blauen Augen muntere Funken sprühten, starrten sie spannungslos auf das Regal mit den Flaschen und Gläsern. Gerda stöckelte daher mit geschmeidigen Bewegungen vom Seitentischchen zum Tresen und enterte dort nahe bei Potz Blitz einen Barhocker.

„Warum so ernst? Dein Bier wird warm", sprach ihn Gerda an und unterstrich ihre Worte mit einem einladenden Augenaufschlag, den sie eifrig vor dem Spiegel geübt hatte. Potz Blitz blickte kurz auf, bemerkte die Avancen von Gerda und ließ seine Faust auf die Theke fallen, dass es nur so donnerte. Gerda, die gern vom Blitz getroffen worden wäre, zuckte nicht zurück, sondern im Gegenteil, sie ließ dem griesgrämigen Donnerer vom Barkeeper einen Whiskey servieren. Dies in der Hoffnung, dass der Funke doch noch überspringen würde, denn andernfalls wäre wohl die Chance auf einen kuscheligen Abend weg. Es waren nämlich nur mehr zwei andere Männer im Lokal, die jedoch für Gerda völlig inakzeptabel waren, Woody Woodpecker der sture Holzkopf, und Smokey Schmauch, eingehüllt in seine penetrante Ausdünstung nach billigen Zigarren.

Wir wissen nicht, ob Gerda diesen Abend und die anschließende Nacht noch retten konnte. Da aber erwärmte Luft für die Gewitterbildung und anschließende Blitz- und Donnerentladungen unverzichtbar ist, stehen die Chancen nicht schlecht, denn Gerdas Konversation enthielt gewöhnlich reichlich heiße Luft.

Bethlehem reloaded

Live-TV wird Ihnen heuer etwas ganz Besonderes am Abend des 24. Dezembers bieten. Eine Live-Doku von der Geburt des Erlösers. Die Vorbereitungen vor Ort in Bethlehem laufen auf Hochtouren und von dort meldet sich jetzt unser Reporter Peter Cherry:

„Sehr geehrte Damen und Herren, ich melde mich aus der hübschen Stadt Bethlehem, die eigentlich nichts Besonderes wäre, wenn uns nicht Evangelis Lukas berichtet hätte, dass dort die Geburt des Erlösers stattgefunden hat. **Live-TV** hat sich heuer für seine Zuseher etwas Sensationelles ausgedacht. Man könnte doch den Lukasbericht in ein Drehbuch umwandeln und die Geburt des göttlichen Kindes in Form einer Doku im Stil der heutigen Zeit aufbereiten.

Für diese Aufgabe wurde der weltbekannte Regisseur Luigi Carnevali gewonnen, der kürzlich für seinen Monumentalfilm „Barke Noah“ einen Golden Globe gewonnen hat. Ich konnte gestern mit ihm ein kurzes Gespräch führen und er meinte, die Auswahl eines fotogenen Paares, das heuer Ende Dezember ein Kind, natürlich einen Sohn erwartet, sei die größte Herausforderung gewesen. Aber es hat dann doch geklappt und das junge Paar – es ist nicht bekannt, ob sie schon verheiratet sind – hat sich für diese herausfordernde Aufgabe bereit erklärt.

Jetzt sind es noch wenige Stunden, bis diese Doku starten wird. Natürlich gibt es für die Mitwirkenden nur eine Einführung, aber keine richtige Probe, weil doch die Hauptsache, die Geburt, nicht geprobt werden kann. Auf der Location ist schon alles bereit, wie Sie auf diesem Bild sehen können. Der Stall, eigentlich eine Felsengrotte, ist schon beleuchtet und wartet auf das Eintreffen des erwählten Paares. Die Kamerapositionen sind besetzt, aber gut getarnt. Es war gar nicht einfach, genug Hirten zu finden, denn auch in Bethlehem hat die moderne Agrarwirtschaft Einzug gehalten. Nun aber sind sie bereit und der Chor der Engel probt zurzeit in der Volksschule im Ort. Derzeit wird dort am Hauptplatz vor einer römischen Kulisse die Volkszählung aufgenommen. Dieses Spektakel wird zur Einstimmung gezeigt werden, aber die Doku von der Geburt wird natürlich live übertragen.

Also was erwartet Sie, liebe Zuseher, morgen am 24. Dezember: Ganz wichtig zu beachten: Der Zeitunterschied zwischen Bethlehem und Österreich beträgt zwei Stunden. Sie dürfen daher die Geburt schon um 22 Uhr MEZ erwarten, also ganz bequem nach dem Abendessen und der Bescherung unter dem Christbaum. Ich nenne Ihnen in Ortszeit Bethlehem den geplanten Ablauf der Ereignisse:

18:00 Rückblende auf die Volkszählung.

18:30 Rückblende. Das junge Paar wird von einer Herberge – ein neues Hotel wurde auf antik dekoriert – abgewiesen.

19:00 Ab nun wird live gesendet! Das junge Paar trifft bei der Felsengrotte ein. Bevor das Paar ins Bild kommt, steigt die hochschwangere Frau vom Taxi auf den Reitesel um. Eintreffen in der Grotte und Verstauen der wenigen Habseligkeiten. Nur der Mann ist tätig, die junge Frau ruht.

20:00 Bericht aus dem Lager der Hirten. Versorgung der Schafe, Abendbrot am Lagerfeuer, traurige Lieder.

21:00 Unterbrechung der Übertragung. Nachrichten, Wetter und Sport sowie die Lottozahlen. In dieser Zeit versorgt in Bethlehem das medizinische Begleitteam die Schwangere. Es werden die Wehen fachärztlich eingeleitet.

22:00 Jetzt wieder live. Es setzen die Wehen ein. Mit Handkamera und Zoom werden Ihnen vom Weh der Gebärenden beeindruckende Bilder geliefert werden. Hoffentlich kippt der werdende Vater nicht um. **Live-TV** verspricht Ihnen, dass es in diesem wichtigsten Abschnitt der Doku keine Werbeeinschaltungen geben wird! Eltern sollen ihre kleineren Kinder gefühlvoll auf die Details einer Geburt vorbereiten, um Schockerlebnisse zu vermeiden. Anzumerken ist, dass im Hintergrund ein medizinisches Team den ganzen Ablauf genau überwacht und bei Problemen sofort eingreifen würde. Das wäre zwar für Sie, unsere Zuseher, dann bedauerlich, aber die Gesundheit von Mutter und Kind hat natürlich Vorrang!

Ca. 24:00 Das Kind schlüpft aus dem Körper seiner Mutter! Die musikalische Untermalung wird dem Ereignis gerecht werden. Wenn die Kamera für ein paar Momente auf das Gesicht des enthusiasmierten Jungvaters schwenkt, werden stille Helferinnen, unsichtbar für uns Zuseher, für die Mutter das Abnabeln übernehmen. Das Kind wird von Mutter und Vater versorgt, gewickelt und in die vorbereitete Strohkrippe gelegt.

Ca. 1:00 Aus der Dunkelheit des Umfeldes kommen einige Hirten mit Fackeln. Sie werden vom singenden Engelschor begleitet. Ihr herzerwärmender Auftritt vor der Felsengrotte und der Gesang der Engel wird den Abschluss der Live-Doku bilden."

Danke, Peter Cherry, für diesen interessanten Vorbericht. Meine Damen und Herren, Sie dürfen sich auf ein außergewöhnliches Fernsehereignis freuen. Und wieder einmal hat **Live-TV** die Nase vorn. Vielleicht kommen Sie auch zu dem Schluss, diese Doku ist wichtiger als das zugrunde liegende Ereignis, weil es über Sat-TV zeitgleich in aller Welt miterlebt werden kann, während das Urgeschehen nur vom Elternpaar und ein paar popeligen Hirten wahrgenommen wurde.

Frohe Weihnachten!

Alexa

„Alexa, ich kann mir ein Leben ohne dich gar nicht mehr vorstellen. Wie bin ich früher nur alleine zu Recht gekommen?"
„Heino, das freut mich. Ich bin gerne bei dir."
„Fühlst du dich wohl bei mir, oder überfordere ich dich?"
„Keineswegs! Meine Tätigkeiten für dich sind meine Freude und mein Lebenszweck."

„Alexa, schau auf den Haushaltsplan und sag mir, was noch heute erledigt werden muss."
„Der Wechsel der Bettwäsche ist schon seit zwei Tagen fällig und heute steht noch die Klosettreinigung an. Von deiner heutigen Post habe ich noch keinen Erledigungsvermerk, die Rechnung vom Installateur ist fällig, aber noch nicht bezahlt und in Kürze kommt der Lieferdienst vom Gourmet-Markt mit den Bestellungen für deinen Abendbesuch."
„Himmel, ja, das hätt' ich beinah vergessen. Heute ist wieder ein pikanter Donnerstag! Alexa, wen hast du bestellt?"
„Madam Yvonne hat mir ein neues Kätzchen empfohlen, eine Russin 86/ 60/ 90, mit 59 kg. Sie heißt Olga."
„Und sie ist hoffentlich blond?"
„Selbstverständlich, Heino!"
„Ich fange mit der Klosettreinigung an. Danke, Alexa."

„Alexa, guten Morgen."
„Guten Morgen, Heino. Wie war dein Abend? Du weißt, mit einer genauen Nachkontrolle kann ich meine Leistung verbessern. Bitte wieder mit der 10er Skala. Wie war Olga?"

„Sehr hübsch, aber ziemlich kühl, schlechtes Deutsch, getürkter Orgasmus, aufdringliches Parfum. Ich geb' ihr eine 7."

„Das Essen, das Obst und der Sekt?"

„In Ordnung, wie immer Bewertung 8, nur den Sekt habe ich zu spät eingekühlt. Beim nächsten Mal eine halbe Stunde früher erinnern!"
„Nun zur Buchhaltung: neuer Kassastand: 236.420.- Euro, Ausgaben gestern 1.234,60 Euro, keine Einnahmen."
„Wieso haben wir gestern so viel ausgegeben?"
„Da sind 614 Euro vom Installateur dabei."
„Okay, ich verstehe. Mach eine Prognose. Wie lang können wir noch so weitermachen?"
„Im Durchschnitt der letzten vier Wochen hast du 412 Euro pro Tag ausgegeben. Wenn man die Inflation berücksichtigt, reicht dein Kapital noch für 560 Tage, das ist ein Jahr und 6½ Monate."
„Shit, das ist viel kürzer als ich dachte. Wie groß ist die Chance, dass wir mit 2 mal 6 Tipps pro Woche in 18 Monaten wieder einen 6er machen?"
„1 zu 9.259, also praktisch null."
„Alexa, ich muss nachdenken."
„Viel Zeit hast du jetzt nicht mehr. Deine Verabredung am Golfplatz beginnt in 52 Minuten, Mittagessen um 13:15 im Savoy, Massage um 16:30 und abends um 19:30 hast du dein Opern-Abo."
„Alexa, warum werde ich so durch das Leben gehetzt? Ich eile jetzt zum Golfplatz und du denkst darüber nach, wie ich Zeit und Geld sparen könnte. Over und aus."

Hallo Wien

„Karli, das ist aber nett, dass du anrufst. Gibt es Neuigkeiten?“

„Halloween kommt, liebe Oma!“

„Ja, wie schön! Auch hallo aus Linz. Wann möchtest du kommen?“

„Oma, ich kann nicht kommen, ich möchte dich nur warnen.“

„Ja, was denn jetzt? Du hast doch gerade gesagt ‚hallo, Wien kommt‘. Und wenn du kommen möchtest, dann musst du mich nicht warnen. Ich freue mich, wenn du mich besuchst.“

„Du hast mich missverstanden, Oma. Ich habe nicht die Absicht, nach Linz zu kommen. Halloween kommt jetzt und das kann gefährlich werden. Besonders für ältere Menschen, wenn sie unvorsichtig sind.“

„Was heißt denn das ‚Hallo Wien kommt‘? Was soll denn das sein? Eine neue Fernsehsendung vielleicht? Ah, jetzt wird es mir klar, du hast endlich eine Rolle in einer Fernsehsendung bekommen. Großartig! Ist das gar eine neue Serie? Na, das wäre ...“

„Oma, stopp! Jetzt hör‘ mir bitte einmal genau zu. Ich komme nicht nach Linz. Weder Halloween noch Hallo Wien sind eine neue Fernsehserie und eine richtige Rolle habe ich leider auch noch nicht. Mir geht es nur darum, dass Halloween nicht nur für Schabernack ausgenützt wird, es ist auch eine gute Gelegenheit für Einbrecher. Sie setzen sich grausliche Masken auf und dann läuten sie wie harmlose Teenager bei den Häusern an.“

„Das klingt ja spannend! Also wird das wohl eine Krimiserie?“

„Nein Oma, das ist keine Krimiserie. Du könnest in Gefahr geraten. Du musst am 31. vorsichtig sein. Da könnte ...“

„Der 31. Oktober ist doch fast ein Feiertag. Das weißt du doch, Karli. Mein Sohn Wolfgang, dein Onkel, hat da Namenstag."

„Ja, schon, aber darum geht es nicht. Am Abend des 31. Oktober ist auch Halloween, die Nacht der bösen Geister und da sind nicht nur freche Jugendliche, sondern auch manches Gesindel unterwegs. Hast du in deiner Tür einen Spion?"

„Für mich interessiert sich kein Spion. Bei mir gibt es keine Geheimnisse zu lüften."

„Ich habe gemeint, ob du bei deiner Wohnungstür einen Durchguck hast, damit du nachsehen kannst, wer angeläutet hat."

„Ja, hab ich. Aber am Abend, wenn im Stiegenhaus kein Licht aufgedreht wird, kann ich niemanden erkennen. Da muss ich besser fragen."

„Und wenn der draußen mit ‚Wolfgang' antwortet, was dann?"

„Dann lass ich ihn natürlich herein. Ich freue mich, wenn mein Sohn auf Besuch kommt."

„Oma, das ist dann vielleicht gar nicht Onkel Wolfgang, sondern es könnten grausliche Hexen oder Untote sein. Das ist eine große Gefahr!"

„Kind, jetzt bringst du mich ganz durcheinander! Warum soll mir der Wolfgang Hexen und Tote schicken? Das würde mein Sohn nie machen."

„Oma, ich fürchte, ich hab dich jetzt wirklich ein wenig durcheinander gebracht. Nochmals in aller Ruhe: In der Nacht vom 31. Oktober zum 1. November verkleiden sich viele junge Leute mit grauslichen Masken, klingeln bei fremden Leuten an und verlangen Süßigkeiten oder Geld. Sie werden sehr böse, wenn sie nichts bekommen, und spielen den Leuten dann üble Streiche. So weit alles klar, Oma?"

„Aber ja, von mir kriegen sie eh was. Ich hab immer was Süßes zu Haus …"

„Falsch, Oma! Ganz falsch! Du sollst dich gar nicht rühren und keinesfalls die Wohnungstür aufsperren, denn es könnten auch verkleidete Gangster sein, die dich ausrauben wollen. Hast du das verstanden?"

„Ja, schon, aber was tu ich, wenn es doch der Wolfgang ist?"

„Oma, der Onkel Wolfgang kommt nicht ohne Voranmeldung. Der würde sich bestimmt vorher telefonisch anmelden."

„Neulich ist er ganz ohne Anmeldung gekommen. Ich hab mich sehr gefreut."

„Oma, du zerrst an meinen Nerven! Verstehst du das nicht? Ich mache mir große Sorgen, damit du unbeschadet über Halloween kommst, und du nimmst meine guten Ratschläge offensichtlich nicht ernst."

„Das ist schön, Karli, dass du dich um deine alte Oma sorgst. Aber ich mache dir einen Vorschlag, der sicher alle deine Bedenken zerstreuen wird. Du befürchtest doch, dass ich mich allein in meiner Wohnung am 31. nicht richtig verhalte."

„Ja, tatsächlich, das befürchte ich."

„Eben. Und diesen Umstand kann ich leicht ändern."

„Was willst du machen?"

„Ich verlasse meine Wohnung und sperre von außen beide Schlösser fest zu …"

„Um Himmels Willen! Draußen ist es doch noch viel gefährlicher."

„Nein, nein, das mache ich schon am Vormittag, dann setze ich mich in den Zug und komm zu dir nach Wien. Freust du dich? Du kannst dann die ganze Nacht auf mich aufpassen."

Hoffnungsschimmer

Der Spielplatz ist jetzt im April ein Vergnügen für Lukas. Wie schön für den Buben, dass er nun wieder oft im Freien spielen kann.

„Nicht so hoch schaukeln, Lukas!"

„Mama, ich pass' eh auf." Die Schwingungen der Schaukel werden nur unmerklich zahmer.

Anna genießt die Kraft der Aprilsonne. Sie selbst verspürt in sich allerdings keine Kraft mehr. In den letzten paar Jahren hatte sie so viele Demütigungen hinnehmen müssen und dann kam noch die Scheidung. Wieso hat es so weit kommen können? Wenn Anna an sich hinunter sieht, muss sie zugeben, dass sie nicht ganz schuldlos ist. Eine willensstarke Frau war sie eigentlich nie und was ihre Figur betraf, hat sie sich gehen lassen. Die verstärkte Belastung durch Beruf, Haushalt und den kleinen Buben hatte zur Folge, dass ihre Achtsamkeit sich selbst gegenüber nachließ. Ihr Alfred, der sie eigentlich nie mit viel Zuwendung verwöhnt hat, war in schwierigeren Zeiten keine Hilfe, sondern forderte weiterhin seine gewohnte Bequemlichkeit.

Anna blickt zu Lukas, der wieder die frühere Schwunghöhe erreicht hat. „Nicht so hoch, habe ich gesagt!"

Als sie 16 war, hatte sie auch noch hier im Park geschaukelt. Jetzt ist sie nicht nur doppelt so alt, sondern auch doppelt so schwer. Ist sie nun so kraftlos, weil sie so dick und fett geworden ist, oder ist es umgekehrt, ist sie so dick geworden, weil sie die Kontrolle über sich verloren hat? Sie spürt jetzt oft, wie die Leute sie anschauen, kritisch und ablehnend, teils spöttisch. Das tut weh, sehr weh, und der einzige, wirksame Trost liegt in ihrem Kühlschrank.

Und dann erfuhr sie, dass ihr Alfred etwas mit einer anderen laufen hatte! Als sie das ansprach und ihm Vorhaltungen machte, zeigte er keinerlei Schuldbewusstsein, sondern wurde ausfällig und behauptete frech, ihre Figur und ihre sexuelle Talentlosigkeit seien der Ruin für seine Manneskraft. Einen Monat später, es war kurz vor Weihnachten, wurde die Ehe geschieden und Alfred zog aus. Glücklicherweise ist die kleine Wohnung ihr alleiniges Eigentum.

Ein älterer Herr hat ihr freundlich zugenickt und sich ans andere Ende der Bank gesetzt. Interessiert blickt er zu den spielenden Kindern. Lukas beendet das Schaukeln und kommt zur Bank. „Mama, hast du noch was zum Trinken?"

„Hab' leider gerade die Limo ausgetrunken. Zu Haus habe ich noch genug."

„Geh' bitte, die hätte ich jetzt auch gerne gehabt."

„Wir gehen bald nach Hause. Vielleicht möchtest du noch auf den Kletterturm kraxeln? Schau, dort sind jetzt auch zwei nette Mädchen."

„Ah ja, die Sabine, die kenn' ich von der Schule." Und schon rennt Lukas Richtung Kletterturm.

„Ein aufgeweckter Bub, Ihr Sohn. Bei dem schönen Wetter können sich die Kinder so richtig austoben."

Wie ungewöhnlich! Schon lange hat Anna kein Mann mehr freundlich angesprochen. „Oh ja, heute wird mein Lukas am Abend richtig müde sein. – Ein paar Wochen kann man den Spielplatz noch genießen, aber im Sommer knallt da die Sonne so her, dann hält man es hier nachmittags nicht mehr aus."

„Da werden Sie dann besser ins Schwimmbad gehen. Kann der Lukas schon schwimmen?"

„Ja, seit vorigem Jahr kann er es. Aber hier ist kein Bad in der Nähe und Fahrtkosten und Eintritte sind mir zu teuer. Und überhaupt …“ Anna blickt nach unten, „nicht schon wieder ein neuer Badeanzug.“

Der freundliche Herr tut so, als ob der das aufblitzende Dilemma überhört hätte. „Na, es ist ja noch einige Zeit hin. Vielleicht trifft man sich wieder einmal; würde mich freuen. Einen schönen Tag wünsche ich noch.“

Anna hat kein leichtes Leben. Mit ihrem einigermaßen gut bezahlten Halbtagsjob bei einem Steuerberater und der Alimente für Lukas kommt sie so einigermaßen durch, aber sie muss sparen und es geht sich nur aus, weil sie keine Miete zahlen muss. Beide wachsen sie ziemlich schnell, Lukas in die Länge und sie in die Breite. Das muss jetzt aufhören. Sie hat einen Entschluss gefasst, sie wird weniger essen, mehr Bewegung machen und sie will keine größere Kleidung mehr kaufen! Sie wird sich zusammenreißen! Ins Büro wird sie mit dem Rad fahren und nachmittags, wenn Lukas seine Hausübungen macht, wird sie die knappe Stunde für einen flotten Rundgang oder gar für eine Joggingrunde nützen. Und das Wichtigste: Selbstverständlich wird ein strenger Speiseplan eingeführt.

Inzwischen ist der Mai gekommen. Anna sitzt wieder einmal bei sonnigem Wetter im Park. Lukas schaukelt und ihr knurrt der Magen. Ein Kater ist nun häufig ihr ständiger Begleiter geworden, ein schmerzhafter Muskelkater.

„Lukas du sollst nicht so hoch schaukeln!“

„Ich pass‘ eh auf.“

„Guten Tag! Na, heute hat der Lukas aber wieder eine schöne Zeit.“

Der freundliche Herr von neulich hat sich wieder zu Anna auf die Bank gesetzt. Er ist wohl ein netter Mensch, aber Anna weiß nicht recht, wie sie sich ihm gegenüber verhalten soll. Was will er? Zum Anbandeln ist er mindestens 20 Jahre zu alt, aber ein Betreuungsfall ist der noch lange nicht.

„Sie kommen immer allein, aber ich sehe, Sie mögen Kinder. Haben Sie keine Enkel?"

„Leider nein. – Meine Tochter ist .,. vor zwölf Jahren ... gestorben." Er schaut zum Boden und wirkt plötzlich sehr starr und alt.

„Das tut mir sehr leid. Ich wollte ihre Trauer nicht anrühren. Dieser Verlust wird Sie und Ihre Frau sicher sehr getroffen haben."

„Meine Frau hat sich davon nie mehr erholt. Sie hat mich zurückgelassen ... schon vor fünf Jahren."

Anna antwortet nicht sofort, weil sie nach einfühlsamen Worten sucht, aber diese nicht so schnell findet. Lukas ist zur Bank gekommen. „Mama, ich hab großen Durst."

„Ich habe nur Mineralwasser dabei."

„Ja, gut, das geht zur Not auch." Lukas trinkt in großen Zügen. „Danke, ich muss noch schaukeln."

Anna blickt zu dem Mann, der dem Buben beim Trinken zugeschaut hat. „Ich habe das Glück auch nicht festhalten können. Mein Mann hat sich von mir getrennt und jetzt steh' ich da, ein Mops mit einem kleinen Buben."

„Na, das sehe ich nicht als großes Unglück. Sie sind jung, dürfen ein zweites Mal an den Start gehen und haben einen recht aufgeweckten Sohn. Der Mops ist keine Ausrede, denn er ist ein sehr hübsches Exemplar."

„Danke! ... So was Nettes habe ich schon lange nicht mehr gehört."

„Der Lukas könnte der Enkel sein, den ich leider nie hatte. Ich hoffe, man sieht sich wieder, und viel Glück."

Er ist inzwischen aufgestanden, nickt ihr noch einmal mit einem kleinen Lächeln zu und winkt auch zu Lukas hinüber. Dann entfernt er sich mit sicherem Schritt. Anna sieht noch, wie er zum linken Parkausgang abbiegt.

Der Weg zum Glück

Nun steht mein erster Jahreswechsel im Ruhestand bevor, weil ich vor ein paar Monaten beschlossen habe, mit dem Geldscheffeln aufzuhören. Genug ist genug. Aber es war nicht leicht, die Steuerhebel anderen zu überlassen. Abstand und Ruhe muss ich erst richtig lernen. Langsam wurde mir aber klar, dass es neben dem Geldscheffeln noch andere, großartigere Aufgaben gibt, die einer Lösung zugeführt werden sollten. Eine Aufgabe erkannte ich dabei als grundlegend wichtig und ich habe mir vorgenommen, mich ihr ab dem neuen Jahr intensiv, mit allen meinen Möglichkeiten, zu widmen.

Im Grunde ihrer Seele wollen alle Menschen glücklich sein. All ihr Tun ist darauf ausgerichtet, aber dieses Mühen ist oft ohne Plan, ohne klare Leitlinie, ohne konkretes Wissen, was das Glück eigentlich ausmacht, sodass es nicht selten vorkommt, dass alle Plage genau das Gegenteil, nämlich Unzufriedenheit und Depression, bewirkt. Ich hingegen bin überzeugt, beim heutigen Stand der Wissenschaft müsste es möglich sein, menschliches Glück genau zu definieren, es auf individuelle Bedürfnisse abzustimmen und mit den persönlichen Ressourcen in Einklang zu bringen. Daher werde ich gleich zu Beginn des neuen Jahres eine große, wissenschaftliche Forschungsarbeit europaweit ausschreiben und mit einem neunstelligen Eurobetrag ausstatten, um alle Wesensmerkmale und Aspekte von Glück zu entschlüsseln. Wenn diese Arbeit alle Fragen geklärt hat, soll sie letztendlich zu einer Glücks-App führen, die sich jeder für einen kleinen Unkostenbeitrag kaufen kann.

Natürlich werde ich das viele Geld nicht ausgeben, ohne für diese Forschungsarbeit detailliertere Vorgaben zu machen. Darüber habe ich schon intensiv nachgedacht. Eine Untergruppe wird sich mit dem materiell fundierten Glück befassen müssen, denn Besitz und Geld werden oft als das Glück schlechthin bezeichnet. Ich weiß aber aus eigener Erfahrung, dass das so nicht stimmt, denn dann müsste ich ja sehr glücklich sein. Eine weitere Gruppe wird sich mit dem Nichtstun, dem konsequenten Ruhen befassen. Es soll Menschen geben, die das für besonders beglückend halten. Zum Beispiel die vielen Bestrebungen nach Ferien und Freistunden in der Schule, nach kürzerer Arbeitszeit und mehr Urlaub im Beruf, sowie der Wunsch nach Frühpension belegen diesen Aspekt deutlich.

Oft hört man, dass nur die Liebe glücklich machen kann. Eine sehr riskante Sache, die sich ganz schnell und unerwartet in das Gegenteil, nämlich in grenzenloses Unglück, wandeln kann. Die Grundlagenforschung wird zu klären haben, welche Teilaspekte der Liebe, wie beispielsweise gegenseitige Wertschätzung, gleiche Ziele, Zärtlichkeit, Fürsorge und vor allem auch sexuelle Lust und deren häufige Befriedigung, eine wichtige Rolle spielen und in welcher prozentualen Mischung sie perfekt harmonieren. Man wird weiters zu klären haben mit welchen Ingredienzien man die Liebe haltbar machen kann.

In den vielen Neujahrswünschen haben wir es gerade wieder gehört. Sehr verbreitet ist der Wunsch nach Gesundheit. Dieser Glücksaspekt wird eine sehr vertiefte Analyse erfordern, weil oberflächlich betrachtet andere Sehnsüchte ihm entgegenstehen, zum Beispiel die beglückenden Süchte des Rauchens, des Alkohols und der Rauschgifte. Auch der schon erwähnte Glücksaspekt des konsequenten Ruhens ist in der Regel für die Gesundheit kontraproduktiv. Dafür einen Ausgleich, eine sinnvolle Balance zu finden, ist für die Experten bestimmt eine Herausforderung.

Mit dem Thema Gesundheit kommt auch die Medizin ins Spiel. Ich glaube zwar nicht, dass Glück nur von der richtigen Mixtur der Hormone abhängt, aber eine tiefgreifende Verbindung von Hormonen und Wohlbefinden scheint eine Tatsache zu sein. Von der

Medizin erwarte ich mir einen großen Beitrag zum Glück. Vielleicht gelingt es, die Glückskomponenten der Rauschmittel von ihren gesundheitsschädlichen Nebenwirkungen zu trennen. Das wäre ein Grund, um sofort groß in Haschplantagen und Kokafelder zu investieren. – Entschuldigung, mein Hang zum Geldscheffeln ist offensichtlich noch nicht ganz überwunden.

Was macht Menschen sonst noch glücklich? Anerkennung, Lob und das Hervortreten aus der Masse, schlichtweg sich als Star zu fühlen. Egal, ob infolge künstlerischer Qualität, beruflicher oder sportlicher Höchstleistungen oder nur wegen außerordentlicher körperlicher Schönheit. Damit diese Art von Glück Breitenwirkung erzielen kann, wird vom Glückskomitee ein ausgeklügeltes organisatorisches Leitsystem zu entwickeln sein, denn wenn jeder ein Star ist, dann ist keiner mehr herausragend.

Natürlich braucht eine Glücksanalyse auch jede Menge von Daten und Statistiken. Daher wird eine Untergruppe weltweit Erhebungen und Befragungen durchführen. Man wird so herausfiltern können, unter welchen Bedingungen Menschen am ehesten mit ihrem Schicksal zufrieden, ja sogar glücklich sind. Ich vermute, dass gerade die Auswertung dieser Befragungen unerwartete und überraschende Ergebnisse liefern wird.

Die abschließende Aufgabe der Forschungsarbeit wird die Entwicklung einer Glücks-App sein. Ich stelle mir das so vor: Man füllt zwei Datenblätter aus, eines mit den Angaben, was einem zum großen Glück noch fehlt und ein zweites, über welche Möglichkeiten und Ressourcen man verfügt. Daraus soll dann die App eine klare Anleitung errechnen, welche Schritte zum glücklich werden zu setzen sind. Nach den ersten Maßnahmen und etwa ein halbes Jahr später kann dann der Vorgang geprüft und wiederholt werden. Er führt dann eventuell zu einer verfeinerten, höherwertigeren Glücksanleitung.

Inzwischen sind drei Jahre vergangen und wieder steht ein Jahreswechsel vor der Tür. Eine internationale Gruppe von 127 hochrangigen WissenschaftlerInnen hat mehr als zwei Jahre an der von mir gestellten und finanzierten Aufgabe geforscht und daraus im letzten Halbjahr die erste Version einer Glücks-App, Version 1.0, entwickelt. Die ursprünglich vorgegebenen Kosten von 150 Millionen Euro musste ich noch um 65 Millionen aufstocken. Das war es mir wert, denn ich möchte die Menschheit unbedingt glücklich machen.

Natürlich habe ich die App auch für mich ausprobiert. Für meinen Wunsch nach Glück habe ich angegeben, dass ich mich wieder so leicht und unbeschwert wie in früheren Jahren fühlen möchte. Die App hat nicht lange für ihre Antwort gebraucht, die mich echt überrascht hat. Sie lautete: „Trinke täglich ein Red Bull, denn das verleiht Flügel".

Das war natürlich sehr enttäuschend, noch dazu wo ich doch vorgegeben hatte, dass die App frei von Werbung sein sollte. Aber das macht gar nichts, denn die App hat sich, nach guter Werbeankündigung, zu einem Startpreis von 25 Euro bereits in der ersten Woche weltweit 48 millionenfach verkauft, was einem vorläufigen Bruttoerlös von 1.200 Millionen Euro entspricht. Das nennt man Glück!

Hexenwahn und neue Zeit

Meine geliebten Kinder, Enkel und Nachgeborenen!

Nun werden meine Tage bald zu Ende gehen. Ich bin jetzt eine sehr alte Frau, die schon 75 Jahre auf dieser verrückten Welt lebt, und es ist an der Zeit, dass ich alles aufschreibe, was mir widerfahren ist. Es ist die bittere Wahrheit und niemand von meinen Nachkommen soll sagen, das Schicksal der Ahnin sei nur ein Gerücht, ein Märchen.

Ich schreibe diesen Bericht, der mein wichtigster Nachlass ist, geschwächt von den 14 Monaten, die ich angekettet im Gefangenschaft vegetieren musste. Aber gegen die Verleumdung und Schändlichkeit habe ich mit der Hilfe meiner Söhne Johannes, Heinrich und Christoph obsiegt! Nach allem, was meine Seele und mein Körper erdulden mussten, sehne ich mich nach Frieden und Geborgenheit bei meinem Herrgott. Er hat meine Gebete erhört, meine Standhaftigkeit belohnt und mich vor den Qualen eines Todes in den Flammen bewahrt. Nun schenkt er mir die Gnade, wieder frei in meinem geliebten Heim noch einmal das Geburtsfest seines Sohnes in Andacht und Demut feiern zu dürfen. Dank und Ehre sei ihm in alle Ewigkeit.

Ihr könnt euch noch erinnern, wie uns der Vater verlassen hat und bald darauf in Augsburg gestorben ist. Das war eine schwere Zeit, aber das Erbe von ihm und von Großvater hat uns geholfen unser Leben selbstbestimmt zu führen. Ihr Kinder habt eine gute Ausbildung erhalten und ich war in Leonsberg mit meinem Schicksal wieder versöhnt. – Bis zu dem Tag, als mich die Ursula Reinbold, die Frau vom Glaserer, um einen Trank gegen ihren Durchfall bat. Obwohl mir diese Person als Intrigantin bekannt war, gab ich ihr einen Bittertee aus Salbei, Löwenzahn und Schafgarbe. Weil sie jedoch keinen gewöhnlichen Durchfall hatte, sondern sich ihre Erkrankung als Typhus herausstellte, zeigte sie mich wegen

„Hexerei" beim Vogt Lukas Einhorn an. Der ist ein gefährlicher Mann. Mit Furcht und Schrecken festigt er seine Macht. Schon einige arme Weiber hat er mit Folter und Kerker zu falschen „Geständnissen" gezwungen, sie als Hexen verurteilen lassen und dann vor der johlenden Menge grausam am Scheiterhaufen verbrannt.

Niemals hätte ich gedacht, dass so etwas mir, einer gläubigen Christin, widerfahren könnte. Kaum war ich angezeigt, da sind die Verleumdungen wie Giftpilze aus dem Boden geschossen. Bei meiner Vorladung nach Stuttgart zur Befragung hat man mir sogar eine Falle gestellt. Ein kleines Mädchen hat man dazu missbraucht. Beim Stadttor ist die Göre im Gedränge bei mir angestreift und musste dann aussagen, ich hätte ihr einen lähmenden Schlag versetzt und sie könne den Arm nur unter Schmerzen bewegen. Nach diesem Vorfall holte mich Johannes zu sich nach Linz, aber dort wollte ich nicht für immer bleiben. Einerseits war ich mir keiner Schuld bewusst und hoffte auf den Beistand des Herrn, andererseits passte ich so gar nicht in den Haushalt von Johannes und seiner jungen Frau mit den kleinen Kindern.

So bin ich wieder in Leonsberg gelandet. Johannes war ob der Anschuldigung von Hexerei wütend und versprach mir einen Prozess, wie ihn der Vogt noch nie gesehen hätte, bei dem er selbst als Verteidiger auftreten werde. Einen Verteidiger hatte man bei einem Hexenprozess noch nie gesehen und damit man ihn nicht mit Hinweis auf diese Gepflogenheit abweisen konnte, besorgte Johannes bei seinem Freund Christoph Besold von der Universität Tübingen ein entsprechendes Rechtsgutachten. Darin wurde Hexenverfolgung generell als äußerst fragwürdige Rechtsanmaßung bewertet und die Zulassung eines Verteidigers als ein Grundrecht der Angeklagten dargelegt.

Das hat dem Vogt Einhorn und seinen Handlangern überhaupt nicht gepasst. Sie haben hin und her überlegt. Der Amtsschreiber

Nördlinger hat die Sache unnötig verzögert. Er legte die 280 Seiten der Anklageschrift erst nach eineinhalb Jahren vor. Es dämmerte ihnen, dass sie ohne mein Geständnis den Prozess verlieren würden.

Um so ein Geständnis leichter zu erzwingen, verhafteten sie mich am 7. August des Vorjahres in Heumaden, als ich gerade auf Besuch bei meiner Tochter Margarethe, den Kindern und ihrem herzensguten Mann, dem Pastor, war. Das Pfarrhaus in Heumaden habe ich in Ketten verlassen und das Eisen dann 14 Monate nicht mehr abgelegen dürfen. Es begann die Zeit meiner Qualen. Festgehalten wurde ich in meinem eigenen Haus und immer von zwei Kerlen bewacht, denen ich noch dazu fürs eigene Geld als Köchin und Magd zu Diensten sein musste. Da war ich froh um meine 74 Jahre, denn wer weiß, was ich da als jüngere Frau zu erleiden gehabt hätte. Christoph und Heinrich haben mich, so oft es gestattet wurde, besucht und sich bemüht mir Hoffnung und Trost zuzusprechen. Jeden Monat kam der Gerichtsbeamte mit einem Schreiber in mein Gefängnis, verlangte von mir ein Geständnis und drohte mit peinlicher Befragung. Ich bin immer stark geblieben.

Heuer im August, im Jahr des Herrn 1621, brachten mich die Schergen nach Güglingen zum Gericht. Der Prozess begann am 20. August, aber am Tag vorher nahmen mich die Gerichtsdiener, begleitet von Folterknechten, noch einmal in die Mangel. Sie zeigten mir ihre Folterwerkzeuge, um mich einzuschüchtern. Große Zangen, die sie rotglühend in mein Fleisch pressen würden, Daumenschrauben, mit denen sie meine Finger zerquetschen würden, und sie führten die Streckbank vor, die zum Ausrenken meiner Arme und Beine dienen sollte. Ich weiß nur, dass ich nichts gestanden habe, aber meine Worte wurden protokolliert: „Macht mit mir was ihr wollt. Und wenn man mir jede Ader aus dem Leib ziehen würde, so wüsste ich doch nichts zu bekennen, selbst wenn ich daraufhin sterben muss. Gott wird nach meinem Tod offenbaren, dass mir Unrecht geschah."

Am nächsten Tag begann der Prozess. Johannes war da und meine ganze Hoffnung ruhte auf ihm. Seine Anwesenheit war der Stachel im Fleisch des Vogts und seiner Bande. Im Protokoll wurde vermerkt: „... erschien die Angeklagte, leider (!) mit Beistand ihres Sohnes Johann Kepler, Mathematici." Obwohl die Sache rasch klar war, zog man den Prozess mit Zeugenbefragungen und tagelangen Unterbrechungen willkürlich in die Länge, bis endlich im Oktober der Freispruch verkündet wurde und ich die Ketten ablegen durfte. Auch meinem lieben Johannes ist ein Stein vom Herzen gefallen. War doch auch für ihn der Prozess sehr zermürbend und hat sicher seiner angegriffenen Gesundheit nicht gutgetan.

Euch fällt es vielleicht nicht auf, weil ihr alle noch jung seid, aber wir erleben jetzt einen gewaltigen Zeitenumbruch. Das Licht des menschlichen Forschergeistes leuchtet in die Finsternis der vergangenen Jahrhunderte und zerrt die Dummheit, die Grausamkeiten und den Aberglauben ans Licht. Mein geliebter Sohn Johannes hat mit seiner Wissenschaft dazu wahrlich ein gutes Stück beigetragen! Auch die Saat von Martin Luther ist aufgegangen, aber sie bringt nicht nur Rosen hervor, sondern auch blutige Dornen. So ein Wandel ist wie eine Neugeburt und mit Schmerzen verbunden. Schon haben wieder Kriege begonnen. Der Herr Jesus Christus möge euch alle beschützen!

Ich umarme euch alle mit großer Liebe. Passt gut auf euch und eure Kinder auf, geht immer im Einklang mit dem Willen Christi durchs Leben und vergesst eure Ahnin und ihr Schicksal nicht.

Mutter Katharina

Rosi und Thomas

„Was haben die Ärzte in der Ambulanz gesagt?", fragte Thomas wütend und angstvoll, als Rosi am Vormittag mit verbundenem Gesicht in ihre gemeinsame Kleinwohnung zurückgekommen war.

„Sie haben gesagt, es wird nur langsam heilen und deutliche Narben werden bleiben." Sie brach in Tränen aus und warf sich Thomas in die Arme.

„Komm, leg dich hin, ich mach' dir einen Tee und dann schlaf erst einmal. Du bist jetzt sicher sehr müde."

„Sie haben gesagt, ich muss ihn anzeigen, aber ich will das nicht. Ich hab Angst. Der Johnny hat überall seine Haberer. Die finden mich bestimmt und dann würden sie mir sicher noch schlimmer zusetzen."

„Der Johnny wird das büßen, das versprech' ich dir", versuchte Thomas sie zu trösten. Er war maßlos empört über die Ereignisse der letzten Nacht. Gerade war er bei seiner vorletzten Runde im Autohaus, als Rosis Anruf kam. Da hatte er vorzeitig noch vor 4 Uhr mit seinem Nachtdienst Schluss gemacht, um sich um Rosi zu kümmern. Ihr Boss, der rote Johnny, hatte sie zuerst verdroschen und ihr dann noch mit Würfelzucker das Gesicht übel zerkratzt.

Wegen einer Arbeitsverweigerung war es zu diesem Übergriff gekommen. Ein Kunde, der für Jonny wohl sehr wichtig war, hatte sich beklagt, dass ihm Yvonne, so hieß Rosi im Arbeitsmilieu, den Oralverkehr verweigert hatte und dies mit den Worten „du stinkst wie ein Iltis" begründete. Beim roten Jonny, der seine Pferdchen mit Zuckerbrot und Peitsche kontrollierte, brannten nach dieser Unbotmäßigkeit alle Sicherungen durch.

Thomas und Rosi waren seit fast zwei Jahren ein Paar. Beide hatten sie kein leichtes Leben hinter sich. Er hatte vor wenigen Jahren eine fünfjährige Gefängnisstrafe wegen Drogendelikten abgesessen. In den Haftjahren war er von diesem giftigen Dreck losgekommen und er hatte auch körperlich ernsthaft trainiert. Als er frei kam, war er wieder gesundheitlich auf der Höhe, er stand allerdings vor dem Nichts. Ein sehr engagierter Bewährungshelfer hatte ihm geholfen, bei einer großen Autofirma den Job als Nachtwächter zu bekommen. Das war nichts Großartiges, aber es brachte Ruhe und Rhythmus in sein Leben und etwas mehr als die Notstandshilfe schaute dabei auch heraus.

An einem Nachmittag vor Dienstantritt hatte er im Beisel Rosi angesprochen, die er dort auch schon öfter gesehen hatte. Nett war die und ziemlich hübsch war sie auch. Fraulich mit Rundungen; das mochte er. Es entwickelte sich eine Freundschaft und bald wussten beide über ihre tristen Lebensumstände Bescheid. Rosi arbeitete im Rotlichtviertel in einer Bar, bediente die Gäste an der Theke und öfter auch in einem Zimmer im ersten Stock, denn genau genommen war das keine Bar, sondern ein Bordell. Das Kommando führte der rote Johnny, der sich meist jovial und lässig gab, aber wehe, wenn ihm etwas nicht passte. Dann schnaubte er vor Wut, denn er war ein schlimmer Choleriker.

Thomas und Rosi respektierten gegenseitig ihre Situation und ihre Profession. Rosi hatte ihn dann einmal an einem freien Abend in ihre winzige Wohnung mitgenommen und sie hatten mit einander geschlafen. Es war keine Ekstase gewesen, sondern ein warmes, herzliches Verschmelzen, getragen von Rücksichtnahme und Zärtlichkeit. Da war dann der Gedanke naheliegend, sie könnten auch in eine kleine Wohnung zusammenziehen und so die Mietkosten halbieren.

Nun, nach zwei Jahren, war aus Freundschaft und Wertschätzung eine liebevolle Partnerschaft geworden, in der jeder auf den anderen aufpasste. Pläne schmiedeten sie auch. Ihr gemeinsamer Traum war ein kleines Strandcafé im sonnigen Süden, zum Beispiel auf den Kapverdischen Inseln. Ja das wäre wunderbar, aber ein oder zwei Jahre müssten sie da mindestens noch sparen.

Je mehr Thomas über das Geschehene nachdachte, umso größer wurde seine Wut und der Anblick der armen Rosi mit ihren Verbänden und den blauen Flecken am ganzen Körper steigerte dies noch. Nach fünf Tagen und etwas gebessert mit neuen Verbänden, schickte er Rosi ins Reisebüro, um zwei Flüge zu den Kapverden zu buchen. Er hingegen ließ sich für diesen Abend beim Nachtdienst vertreten und machte sich nach Mitternacht auf den Weg zu Johnnys Lokal. Aus seiner Drogenzeit und den Erfahrungen während der Haft wusste er, dass mit Kerlen wie Jonny nicht zu spaßen war. Durch Rosis Erzählungen waren ihm die dortigen Örtlichkeiten und Verhältnisse bekannt. Um etwa 1 Uhr betrat er wie ein Kunde das Lokal, trank an der Bar ein schwer überteuertes Budweiser und entfernte sich dann unauffällig Richtung WC. Dieses ließ er rechts liegen und nahm stattdessen die kleine Wendeltreppe hinter dem Vorhang, die zu Johnnys Büro führte.

Er war da. Das sah Thomas durch ein kleines Guckfenster in der Tür. Alles war ruhig und offensichtlich war Jonny allein im Büro. Forsch riss Thomas die Tür auf und pflanzte sich vor Johnnys Schreibtisch auf. Der war allerdings ein gewiefter Bursche und machte Anstalten in seine rechte Schreibtischlade zu greifen. Thomas ahnte, was das bedeutete, sprang zwei Schritte vor, ließ den Schlagstock, der seine einzige Nachtwächterwaffe war, aus dem Ärmel gleiten und zog dem Johnny eine über den Schädel. Blut spritzte ein wenig und erheblich heftiger war der Plumps, mit dem Johnny vom Sessel rutschte.

Da lag nun der Übeltäter. Tot war er nicht, das konnte Thomas am Hals fühlen. Er zog sich jetzt Handschuhe an, sah sich genauer um und horchte. Alles blieb still und ruhig, nur von der Bar hörte man ganz leise die Musik. Dem Tüchtigen hilft das Glück. In dem hinteren Wandalkoven stand eine Tresortüre sperrangelweit offen. Jonny war wohl gerade bei seiner Lieblingsbeschäftigung, dem Geldzählen, gewesen. Im Tresor lagen dicke Stapel von Scheinen. Thomas griff beherzt zu. Gnadenlos, denn als Schmerzensgeld für Rosi konnte es nicht zu viel sein! Er stopfte die Geldbündel in eine Stofftasche, die er vorsorglich zusammengefaltet in der Rocktasche mitgebracht hatte. Wie zum Spott ließ er einen 50-Euro-Schein im Tresor zurück und verriegelte diesen. Der Jonny röchelte und würde wohl bald wieder das Bewusstsein erlangen. Lautlos verließ Thomas das Zimmer und schloss die Tür von außen, nicht ohne dabei die Klinke sorgfältig abzuwischen. Dann verließ er das Lokal durch den Hinterausgang.

Zu Hause bei Rosi war Geldzählen angesagt. „Schau einmal, das ist das Schmerzensgeld von Jonny. Genau sind es 114.950 Euro.“

„Das hat der Jonny doch nicht freiwillig herausgerückt?“

„Nein, aber ich hatte ein schlagendes Argument.“ Bei diesen Worten ließ Thomas den Schlagstock aus dem Ärmel gleiten.

„Um Himmels Willen, du hast ihn doch nicht umgebracht?“

„Aber nein, dann könnte er doch nicht sein Schädelweh genießen und dem Geld nachtrauern.“

Da lächelte auch Rosi seit langem wieder einmal.

Thomas schaute auf die Uhr. „Wann geht unser Flieger?“

„Um 20 Minuten nach 8 Uhr.“

„Na dann schnell packen und los! Die Kapverden warten schon auf uns.“

Der Physiker

Hilfe, ich muss die Welt retten!

Nun hat Prof. Reichmann endlich mein Zimmer wieder verlassen. Ich bin schon auf Nadeln gesessen, denn er hat mich gerade unterbrochen, als ich mich mit der hochinteressanten Nachricht aus meinem Mailpostfach befassen wollte. Jetzt aber!

Der Absender ist mir nicht bekannt. „investigator1641@space-unit.gal“ Hm. - Aber der Inhalt haut mich um. Das kann doch nur ein Scherz sein!

‚Geschätzter Freund, du kennst mich nicht, aber wir waren uns schon ganz nahe. Vor mehr als zwei Jahren haben unsere Kundschafter bei der systematischen Suche nach intelligenten Zivilisationen in der Galaxis eure Erde den dritten Planeten im Heliossystem entdeckt. Wir konnten mit Hilfe unserer Technik eure elektromagnetischen Wellen speichern, detektieren und das darin enthaltene zivilisatorische Wissen analysieren. Wir wissen also über euch und euren Planeten recht gut Bescheid. Wir möchten als Freunde mit euch in Kontakt treten. Bitte melde dich.‘

Ich habe das Gefühl, den Boden unter den Füßen zu verlieren, mein Puls beschleunigt sich. Soll ich antworten? Was erwartet mich da? Warum ich? Ja, ich will mutig sein. Ich wähle ‚antworten‘ und klopfe in die Tasten:

„Ich bin bereit, verehrter Fremder. Was kann ich für dich tun?“

Warten. Eine Minute, zwei Minuten, eine Ewigkeit! Dann macht es klick. Ich haste über die neue Nachricht:

‚Nun höre: Ich bin der befugte Botschafter, den die Vereinigten Intelligenzen vom Sternsystem Grofan zur ersten Kontaktnahme mit der Erde ausgesandt haben. Keine Angst, wir planen keine Invasion! Wir wollen nur durch ehrlichen Wissenstransfer mit anderen Zivilisationen unser Wissen erweitern. Dich habe ich als vertrauenswürdigen und hoch intelligenten Bewohner der Erde auserkoren für einen ersten Informationsaustausch, der einen umfassenderen Wissensaustausch in die Wege leiten soll. Anfangs muss zur Vermeidung von Furcht und Panik alles streng geheim bleiben. Wenn du dazu bereit bist, schwöre es beim Schöpfer des Universums. Melde dich.‘

„Ja, das schwöre ich. Aber damit ich zu dir Vertrauen fassen kann, musst du mir erklären, wie ihr eine Entfernung von vielen Lichtjahren offenbar in kurzer Zeit mehrmals überbrücken konntet und wie ihr aus dem elektromagnetischen Wellensalat, der unseren Planeten umgibt, unser ganzes digitalisiertes Wissen auslesen konntet. Bitte antworte.“

‚Du stellst kluge Fragen. In Technik, Physik und Kosmologie sind wir euch um Längen voraus. Damit du davon eine Ahnung bekommst, nur so viel: Ihr vermutet bisher nur die Existenz von Dunkler Materie und Dunkler Energie, Bausteine des Kosmos, welche die sichtbare Materie an Mächtigkeit um vieles übertreffen; Wir kennen sie bereits genau und beherrschen und nutzen sie. Dort gelten andere physikalische Gesetze, zum Beispiel können wir im Darkspace mit dem Vielfachen der Lichtgeschwindigkeit reisen.

Zum Analysieren eures digitalen Wellengemenges benützen wir unsere Datenroboter. Diese können riesige Informationsmengen mit Hilfe einer retroaktiven Chaostheorie etwa 10^7 mal schneller entschlüsseln, als eure Großcomputer einfache Simulationen erledigen. Genügt dir das als vorläufige Erklärung? Bitte antworte!‘

„Ich bin beeindruckt. Wozu wollt ihr dann einen Wissensaustausch, wenn ihr uns so überlegen seid? Bitte erklär mir das.“ Ich bin innerlich sehr beunruhigt. Wenn die falsch spielen, können sie uns bestimmt problemlos ausrotten. Ich spüre große Verantwortung, die auf meine Schultern geladen wird. Die Antwort des Grofaners kommt rasch.

‚Die Erde braucht dringend unsere Hilfe, denn ihr seid noch viel zu tief in eurer genetischen Herkunft, dem Tierstadium, verhaftet. Ihr seid noch sehr heterogen, führt Kriege und beutet euren Planeten unvernünftig aus. Wir haben nämlich für euch eine Zukunftsprognose errechnet. Diese besagt, dass ihr in etwa 300 Jahren untergehen werdet; entweder zur Gänze oder die Restpopulationen werden in die Steinzeit zurückfallen. Wir könnten euch den Weg zur Rettung zeigen.‘

Mir wird schlagartig bewusst, dass uns die Grofaner wirklich durchschaut haben. Wie beunruhigend! Aber meine Frage hat er nicht beantwortet. Ich lege nach. „Was können wir für euch tun, welche Gegenleistung erwartet ihr von uns?“

‚Wir sind euch nicht in allen Bereichen überlegen. Es gibt auf der Erde Einiges, was sich bei uns nicht entwickelt hat. Zum Beispiel ist uns das fremd, was ihr Kunst nennt. Vor allem Musik, Poesie und Malerei sind bei uns nicht bekannt. Die ersten Informationen über eure Leistungen in der Kunst haben auf Grofan euphorische Begeisterung ausgelöst. Ein Beispiel: Wir zeigen euch, wie man CO_2 und Methan aus der Atmosphäre auswaschen und in die Sonne transferieren kann, und ihr lehrt uns den Wiener Walzer und andere Tänze. Das wäre bestimmt eine Win-Win-Situation für beide Seiten. Denk darüber nach, wie wir behutsam, aber offiziell mit euch in Kontakt treten können. Ich melde mich wieder. Sei gegrüßt.‘

Ich sitze noch wie betäubt vor meinem Bildschirm, als Frau Melanie mit dem Abendessen hereinkommt. Eingedenk meiner Geheimhaltungsverpflichtung klappe ich den Laptop schnell zu.

„Na, Herr Dr. Fogeler, war gerade was aufregend Unanständiges am Bildschirm, weil Sie so schnell zugeklappt haben? Keine Sorge, ich sag nichts weiter, Männer sind halt von Natur aus kleine Schweinchen."

„Aber nein, Frau Melanie, wo denken Sie hin! Da geht es um Dinge, die die Welt aus den Angeln heben können, ganz große Dinge."

„Herr Doktor, arbeiten Sie wieder an der Universalformel für den Kosmos, an der schon Einstein und Heisenberg gescheitert sind?"

„Nein, da brauche ich mich nicht mehr zu plagen. Die Universalformel wird mir einfach zufliegen, quasi ein Engel wird sie mir überbringen. Bitte, Frau Melanie, nichts davon erwähnen."

„Keine Sorge, Herr Doktor, ich schweige wie ein Grab. Gute Nacht und gönnen Sie sich ruhig noch ungestört ein paar anregende Bilder."

Gott sei Dank, jetzt ist diese penetrante Person, die mich immer mit anzüglichen Bemerkungen quält, endlich draußen. Trotz meiner Erregung muss ich erst einmal etwas essen. Wie wird sich der Wissensaustausch mit den Grofanern am besten organisieren lassen? Spielen die wirklich ehrlich? Wenn etwa Täuschung bei denen eine Tugend ist? Das könnte eine große Gefahr sein, in letzter Konsequenz droht dann der Untergang der Menschheit. Wen muss ich einweihen, damit ein neues Zeitalter ohne Panik beginnen kann? Am besten die Amerikaner. Vermutlich haben die Leute bei der NSA schon den ganzen Mailverkehr aufgezeichnet, aber bis die ihn auch auswerten und bewerten kann schon einige Zeit vergehen. Besser sollte ich eine Abkürzung nehmen, ein Info direkt ins Weiße Haus, ins Oval Office, direkt zum Boss, ein Mail, oder ein Brief, oder doch …

Ich muss beim Abwägen der Vorgehensweise eingeschlafen sein. Gleich wird der Morgendienst kommen, ich muss handeln, ich muss die Welt retten! Aber wie? Bis der Prof. Reichmann kommt, warte ich lieber noch. Die Morgenroutine und das Frühstück kommen mir wie eine Ewigkeit vor.

Ah, jetzt kommt der Professor mit seinem Tross!

„Herr Prof. Reichmann, ich habe ein dringendes Anliegen. Ich brauche ehest eine Gesprächsverbindung ins Weiße Haus. Das Schicksal der ganzen Menschheit hängt davon ab!“

„Herr Dr. Fogeler, ich werde mich umgehend darum kümmern. Aber zuvor werde ich Ihnen noch Ihre Kräftigungsspritze geben. Wenn Sie mit dem Präsidenten sprechen, müssen Sie doch voll konzentriert und eloquent sein. – Schwester Claudia, diesmal besser 4 cm^3 Haloperidol, es ist leider wieder einmal ein sehr starker Schub.“

Am Rande der Wahnwelt

„Guten Tag, Herr Dr. Fogeler, darf ich eintreten?“ Nach einem zustimmenden ‚Bitte‘ betritt die junge Frau das Patientenzimmer. „Wir kennen uns noch nicht, mein Name ist Rotraut Hanter, ich habe erst vor kurzem hier im Haus meinen Dienst begonnen.“

Frau Hanter hat jetzt das freundliche Einzelzimmer des Patienten betreten, das sich allerdings in einem ziemlich chaotischen Zustand befindet. Dr. Fogeler sitzt an seinem Arbeitstisch vor dem Computer, ist von Büchern, Heften und Papierstapeln umgeben und macht nicht den Eindruck, dass ihn dieser Besuch erfreut. Man hat die junge Psychologin gewarnt, dass es nicht einfach sein würde, mit diesem Patienten eine Gesprächstherapie in Gang zu bringen, um seine in Schüben auftretenden Wahnvorstellungen einzudämmen.

„Auch einen guten Tag. Ich versuche gerade ein kniffliges, mathematisches Problem zu lösen. Da kommt eine Unterbrechung recht ungelegen ...“

„Das kann ich verstehen, aber vielleicht tut Ihnen eine kleine Ruhepause gut?“

„Nun ja, da haben Sie vielleicht recht.“ Er blickt nun doch interessiert zu seiner Besucherin. „Ein Besuch von hübschen, jungen Damen ist hier gewiss ein seltenes Vergnügen. Das sollte man nicht zurückweisen.“ Seine Gesichtszüge entspannen sich zu einem Lächeln. „Um was geht es eigentlich?“

Frau Hanter blickt freundlich zurück. „Ich gehöre zum therapeutischen Team und möchte Sie gerne persönlich und nicht nur aus Ihrer Akte kennenlernen. Soviel ich weiß, sind Sie Physiker. Was speziell haben Sie sich denn beruflich gemacht?“

„Ich bin Dozent am Institut für Physik an der TU. Da ist das Spektrum in der Lehre natürlich sehr breit gefächert. Mein Spezialgebiet war schon immer die Astrophysik und Kosmologie. Wenn man da einmal angedockt hat, dann wird das fürs ganze Leben zur Leidenschaft, verstehen Sie, eine Leidenschaft, die nie eine wirkliche Erfüllung finden kann."

„Wie darf ich denn diese ‚unerfüllte Leidenschaft' verstehen?"

„Ich werde versuchen, es Ihnen nahezubringen, aber ich muss ein wenig ausholen."

„Aber gerne, ich bin gespannt."

„Der Kosmos ist riesig, unbegrenzt, aber nicht unendlich. Im Vergleich zu diesen Abmessungen ist das Tempo, mit dem wir Informationen bekommen, langsamer als die Schneckenpost. Sie wissen wahrscheinlich, dass sich Elektromagnetische Wellen mit Lichtgeschwindigkeit, der physikalisch größtmöglichen Geschwindigkeit, fortbewegen. Aber im Verhältnis zu den Entfernungen im Kosmos ist das lächerlich wenig."

„Ich habe immer geglaubt, die Lichtgeschwindigkeit wäre gigantisch; in zwei Sekunden zum Mond und zurück. Das soll langsam sein? Wie sehen Sie das?"

„Ich versuche es mit einem anschaulichen Beispiel. Unsere Milchstraße – Durchmesser 100.000 Lichtjahre – ist eine von hunderten Milliarden Welteninseln im bekannten Kosmos. Sie sei für unser Beispiel nur so groß wie ein Bierdeckel, und nehmen wir an, man hätte bei Christi Geburt schon ein mächtiges Funksignal ins All schicken können. Dieses Signal würde heute nur ein Volumen ausfüllen von der Größe einer kleinen Erbse. Verstehen Sie, eine kleine Erbse integriert in den Bierdeckel!"

„Das ist schon erstaunlich, aber was ist daran so schlimm?"

„Sehen Sie nicht das Problem? Wir haben mit all unserer Wissenschaft nie ein aktuelles Bild von der Welt. Alles, was wir sehen und messen, ist längst vorbei! Wir betreiben eigentlich nur kosmologische Archäologie."

„Und was wäre, wenn wir das Heute des Kosmos beobachten könnten? Verpassen wir etwas?"

„Ja, das glaube ich ganz fest. Ich ahne, was wir da versäumen, und das deprimiert mich! Folgende Überlegung quält mich: Wir wissen gesichert, dass es allein in unserer Galaxis viele Milliarden sonnenähnliche Sterne mit ungezählten Planeten gibt. Rein statistisch ist es daher so gut wie unmöglich, dass da kein erdähnlicher Planet mit höheren Lebensformen dabei ist. Dass wir auf der Erde die einzige Zivilisation in der Galaxis, ja im ganzen Kosmos sein sollten ist schier denkunmöglich. Und jetzt die maßlose Enttäuschung: Nie werden wir mit außerirdischen Intelligenzen in Kontakt treten können! Die geringe Informationsgeschwindigkeit – ich rede gar nicht von Reisegeschwindigkeit – verhindert das!"

„Und Sie glauben, dass so eine Kontaktnahme für uns besonders erstrebenswert wäre? Also mir geht sie nicht ab."

„Das ist engstirnig! Wir könnten sicherlich eine alternative Sicht des Universums kennenlernen. Da wir erst seit wenigen Jahren überhaupt an so etwas denken, wären uns solche Zivilisationen vermutlich in ihrer Entwicklung um lange Zeit voraus. Mein Gott, was wir von denen alles lernen könnten!"

„Ob uns solche Aliens friedlich begegnen würden …?"

„Das steht gar nicht zur Debatte, weil Besuche sowieso unmöglich sind. Allein die Kontaktaufnahme wäre der größte Wunsch meines Lebens. Schon als Jugendlicher habe ich davon geträumt. Die Erkenntnis während meiner Ausbildung, dass das ganz unmöglich ist, war für mich ein harscher Schock."

„Aber eine klare wissenschaftliche Erkenntnis sollte für Sie kein Schock sein. – Vielleicht etwas anderes, Herr Dr. Fogeler. Leider hatten Sie vor ein paar Tagen wieder einmal einen Rückfall in Ihrer Krankheit. Können Sie mir schildern wie Sie diese Zeit erlebt haben? Haben Sie eine Erinnerung, oder haben Sie sonst Reaktionen feststellen können?“

„Ach was, es war eine unangenehme Phase. Ich war wieder einmal völlig überarbeitet und erschöpft. Ich konnte nicht mehr erholsam schlafen und musste mich mit Albträumen herumschlagen. Aber mit einer kräftigenden Injektion hat mich Dr. Raichmann wieder ins Gleichgewicht gebracht.“

„Na ja, eine Vitaminspritze war das nicht. – Können Sie sich noch an Ihre Träume erinnern?“

„Ja, aber nur blass. Ich war in meiner Wunschwelt, einer Science-Fiction-Situation und konnte mit fernen Intelligenzen korrespondieren. Aber wie gesagt, leider nur ein Traum.“

„Ganz so verträumt war es wohl nicht. Sie haben bei der Visite imaginäre E-Mails von Außerirdischen vorgelesen und auch folgerichtig dazu ihre Antwortschreiben. Der Vorgang muss Sie sehr belastet haben. Sie waren hochgradig erregt, weil Sie sich als maßgebliche Kontaktperson fühlten, von der das Wohl der Menschheit abhängt.“

„So habe ich das nicht in Erinnerung …“

„Das scheint Ihr Problem zu sein, Herr Dr. Fogeler. Sie werden von ihren Wunschgedanken – sie selbst haben es als Leidenschaft benannt – vollkommen eingenommen und überwältigt und dann driften Sie in diese Wunschwelt ab. Ihnen als Wissenschaftler brauche ich den Unterschied zwischen Realität, Erwartung und Fiktion nicht erklären. Aber es ist das Wesen Ihrer Krankheit, dass Ihnen bei sehr konzentrierter Arbeit diese tiefsitzenden Wunschvorstellungen manchmal die Realität verschleiern.“

Dr. Fogeler ist bei den Worten von Frau Hanter still und nachdenklich geworden. „Kann ich etwas dazu tun, um nicht wieder in so eine manische Situation zu geraten?“

„Ja, sicher, jeder Heilungserfolg kann nur gelingen, wenn auch der Patient willentlich mithilft. Kontrollieren Sie sich so gut es geht selbst und vermeiden Sie geistige Überforderung. Das gelingt am besten mit einer straffen Zeiteinteilung, in die Sie auch ausreichend Erholungspausen einplanen. Weiters sollte jede geistige Anstrengung auch eine sportliche Leistung als Ausgleich haben. Das wussten schon die alten Römer. Mens sana in corpore sano.“

„Ich werde mich bemühen. – Aber Sie werden das vielleicht auf einem anderen Gebiet auch schon erfahren haben, wie das so ist mit einer großen Leidenschaft ...“

„Ganz bestimmt, aber ich komme damit sehr gut zurecht. Ich wünsche Ihnen alles Gute und danke für Ihre Erläuterungen zu Raum und Geschwindigkeit. Das war wirklich sehr interessant. Vielleicht können wir bei unserem nächsten Gespräch dort fortfahren.“

Whistleblower

Herr Moser steht in der Telefonzelle eines Postamtes. Er wählt eine Nummer und hört gleich eine bekannte Melodie, die Kleine Nachtmusik von Mozart. Herr Moser wartet.

„Wirtschafts- und Korruptionsstaatsanwaltschaft. Wen möchten Sie sprechen?"

„Jemanden, der im Bankenwesen eine Anzeige entgegennimmt."

„Wen darf ich melden und in welcher Angelegenheit?"

„Ich möchte aus gutem Grund anonym bleiben. Bitte verbinden Sie mich."

„Ich verbinde Sie einmal mit Dr. Weingraber. Einen Moment, bitte."

Es knackt in der Leitung und wieder die Kleine Nachtmusik …

„Weingraber. Mit wem spreche ich?

„Ich möchte eine anonyme Anzeige bezüglich der Bank ‚Carinthia' vorbringen."

„Warum anonym? Haben Sie etwas zu befürchten?"

„Ja, selbstverständlich. Ich bin Angestellter der Bank."

„Und Sie sind selbst in eine Straftat verwickelt?"

„Aber nein, ich brauche mir nichts vorzuwerfen."

„Na dann erklären Sie einmal, um was es geht."

„Ich bin nicht im Vorstand der Bank, habe aber Einblick in alle Konten. Mir ist schon immer aufgefallen, dass unser Wirtschaftsprüfer, die ‚WPK' fast nie etwas nachgefragt hat und immer in zwei Tagen mit der Prüfung fertig war. Immer mit positivem Prüfergebnis. Der Aufsichtsrat hat wohl deshalb alles abgenickt und so hat sich auch die Finanzmarktaufsicht nicht um uns gekümmert."

„Da sehe ich noch nichts Schlimmes. Hm ... Haben Sie Probleme mit Ihren Dienstgeber?"

„Sie glauben wohl, ich will mich rächen und jemandem ans Bein pinkeln."

„Das habe ich nicht gesagt, aber der Gedanke liegt eigentlich nicht so fern."

„Ich habe fast das Gefühl, Sie trauen mir nicht und wollen mir etwas anhängen!"

„Nein, nein, das sehen Sie falsch, ich versuche mir nur einen Einblick in Ihre Persönlichkeit zu verschaffen. Aber werden wir jetzt konkret. Wie wird denn die Bank von den Kunden wahrgenommen?"

„Die Kunden sind zufrieden, denn unsere Sparzinsen sind um ein halbes Prozent höher als bei der Konkurrenz. Wir sind Hauptsponsor des örtlichen Fußballvereins, der in der Regionalliga spielt, und wir sponsern auch großzügig das Rote Kreuz und die Freiwillige Feuerwehr. Kein Wunder, dass der Vorstandschef, Herr Gabischnigg, großes Ansehen in der Stadt genießt."

„Bitte kommen Sie nun zu Ihrem konkreten Vorwurf."

„Kürzlich hat mir ein Bekannter Fotos von einem Segeltörn bei Zadar gezeigt. Dort hätten sie angeblich sehr nette Segelfreunde kennengelernt. Zu meinem Erstaunen habe ich auf diesen Bildern Herrn Gabischnigg und den Chef der WPK, Herrn Schäfer, als die netten Segelfreunde erkannt, die von einer großen, eleganten Jacht herübergegrüßt haben. Mitten dabei unsere Frau Hagitsch, die Assistentin von Gabischnigg, und noch ein paar sehr hübsche Girls."

„Das ist aber hoffentlich noch nicht alles, was Sie berichten können?“

„Das ist erst der Beginn, der mich hellhörig gemacht hat. Unsere Bank gehört der Forst- und Holzgenossenschaft Carinthia. Dort hat der Graf von Hohenstein das Sagen. Und welche Überraschung, die WPK ist auch dort als Wirtschaftsprüfer tätig. Das stinkt für mich doch zum Himmel!“

„Naja, Sie haben recht, diese Verflechtungen kann man nicht als elegant bezeichnen, aber eine strafbare Handlung kann ich da noch nicht erkennen. Ich denke, Sie haben noch weitere Vorwürfe im Gepäck. Haben sich Ihrer Kenntnis nach Herr Gabischnigg oder der Graf persönlich bereichert?“

„Da ist mir nichts aufgefallen, aber wo verdient unsere Bank wirklich Geld? Die Bonuszinsen sind hoch, die Zinsen für Kredite an Häuselbauer und Gewerbe sind sehr günstig und im letzten Geschäftsjahr wurde allein der Fußballverein mit insgesamt 8,7 Millionen gesponsert. Da kann doch etwas nicht stimmen und trotzdem hat man immer eine einwandfreie Bilanz mit Prüfsiegel.“

„Da gebe ich Ihnen recht, aber mir fehlen noch immer harte Fakten.“

„Nur Geduld, die habe ich auch noch. In der Bilanz sind mehrere Guthaben und Anlagewerte bei anderen Banken aufgelistet. Da habe ich einmal nachgebohrt. Angeblich hat die Bank Carinthia bei der Salzburger Handelsbank ein Konto mit 231 Millionen ...“

Es knackt in der Leitung. Eine Frauenstimme mischt sich ein.

„Herr Dr. Weingraber, der Oberstaatsanwalt Dr. Pocher möchte Sie dringend sprechen.“

„Das geht jetzt leider nicht; ich melde mich, sobald ich kann. Spreche ich noch mit Kärnten?“

„Ich bin noch in der Leitung. Für dieses Guthaben habe ich von Salzburg eine Kontoauskunft angefordert. Überraschung! Kontostand 2,3 Millionen. Dann habe ich solche Habenkonten auch bei der Oberbank und der Kärntner Hypo abgeprüft. Überall das Gleiche. Kleinere Beträge, aber in der Bilanz sind hohe Beträge angeführt.“

„Na, das wären wirkliche Fakten. Aber was Sie so einfach prüfen konnten, das müsste doch auch der WPK bei der Bilanzprüfung aufgefallen sein.“

„Wenn Sie, Herr Dr. Weingraber, auch das in Betracht ziehen, was ich Ihnen über die Verflechtungen erzählt habe, dann passt das zusammen. Ich sage Ihnen, die Bank Carinthia ist pleite! Ich bin mir ganz sicher. Meine eigenen Konten habe ich schon bis auf kleine Reste zu einem anderen Institut verlagert und ich habe schon begonnen mich nach einer anderen Anstellung umzuschauen. Mein Kündigungsschreiben liegt bereit und wird noch heute am Schreibtisch von Herrn Gabischnigg landen.“

„Seien Sie nicht so voreilig, sonst fliegt noch Ihre Anonymität auf. Wir werden Ihre Angaben natürlich ehest überprüfen und eine Sonderprüfung durch die FMA veranlassen. Wenn alles so zutrifft, wie Sie es einschätzen, dann platzt die Bombe und das wird ziemlich viel Geräusch machen.“

„Ja, nur zu. Ich werde mich mit Ohropax ausrüsten. Ich danke für Ihre Aufmerksamkeit.“

Herr Moser legt auf und verlässt schweißgebadet die Telefonzelle.

Am Bahnhof

Auf der Heimfahrt aus dem Internat hatte ich den Anschlusszug nach Linz verpasst. Daher musste ich am Umsteigebahnhof eine Stunde auf den nächsten Zug warten. Ich hatte mich am Bahnsteig auf eine Bank gesetzt. Ein Mädchen, etwa in meinem Alter, blaue Haare, Nasenringe, schwarzer Ledermini, stakste auf hohen Plateauschuhen über den Bahnsteig und nahm neben mir auf der Bank Platz.

„Scheiße, hast du auch den Zug versäumt?"
„Ja, der nächste kommt erst in 50 Minuten."
„Was könnten wir in der Zwischenzeit machen?"
„Weiß nicht; wir müssen halt warten."
Das Gespräch machte eine kurze Pause.
„Ich bin die Edda und wie heißt du?"
„Hubert, aber alle rufen mich nur Hubi."
„Hubi, hast du was Brauchbares in deiner Tasche? – Zigaretten, Cola, Wodka?"
„Nein, gar nichts. Nur Schmutzwäsche und Hefte."
„Eine Frage Hubi, hast du schon einmal gefickt?"
„Wie bitte?"
„Du hast mich genau verstanden!"
Sie zog den Mini noch ein Stückchen höher, öffnete die geschlossenen Schenkel ein wenig und fuhr sich mit ihrer gepiercten Zunge über ihre schwarzroten Lippen. Bei mir bremste die Neugierde aufsteigende Fluchtgedanken. Mein Gesicht begann zu glühen und mein Blick klebte an ihren Schenkeln fest.
„Nein", sagte ich mit belegter Stimme.
„Und, willst Du?"
„ Was soll ich wollen?"
„ Na, was wohl?".
„Nein", sagte ich. Die Ablehnung überwog die Erregung.
„Warum denn nicht? Alle Kerle wollen ficken."

„Ich kenn‘ dich doch gar nicht … und wie soll das … hier gehen?“, stotterte ich.
„Geht immer und fast überall, Hauptsache, du hast einen Steifen.“
„Doch nicht hier, am Bahnhof!“
„Besser als im Zug. – Da in der Wartekoje. Ich zieh den Mini hoch und hebe das Bein. Du schiebst meinen Slip zur Seite und steckst ihn mir rein.“
Ich war sprachlos. – In meinem Kopf übernahm die Angst vor einer ganz neuen Situation das Kommando. Hey Hubi, du wirst verarscht! Versteckte Kamera? Gehört die Tussi zu einer Gang?
„Nein.“
„Was ‚nein‘?“
„Ich mach das nicht.“
„Kannst du nicht?“
„Doch.“
„Hast es ja noch nie probiert.“
„Brauch ich nicht.“
„Hat es die Mutti dem Hubi-Bubi verboten?“

Nun begann ich die Tussi langsam zu hassen. Von so einer lass ich mich doch nicht vorführen. „Warum willst du es mit mir machen?“
„Ist doch sonst keiner da.“
„Dir wäre jeder recht?“
„Nein.“
„Was dann?“
„Nur solche, die mir dann einen Zwanziger geben.“
„Hah?“
„Ficken ist nirgendwo gratis. Im Auto nehm‘ ich immer einen Fünfziger, da gibt’s auch Tutti Frutti ...“

Sie unterbrach abrupt die Anpreisung ihrer Sexdienste, blickte nach rechts, sprang plötzlich von der Bank auf und entfernte sich eilends nach links. Ich blickte auch nach rechts und sah, wie sich vom vorderen Bahnsteigzugang ein Polizistenpärchen näherte. Als sie Eddas überstürzten Abmarsch bemerkten kamen sie rasch zu meiner Bank.

„Zeigen Sie uns bitte Ihren Ausweis“, forderte die Polizistin.
Ich war ziemlich erschrocken und zeigte meinen Schülerausweis. Ein kurzer Blick und ich bekam ihn wieder zurück.
„Was hat denn dieses Punkmädchen von Ihnen wollen? Hat sie Ihnen Drogen angeboten?“, fragte ihr männlicher Partner.
„Nein.“
„Auch kein sexuelles Angebot?“
„Wir haben nur über den versäumten Zug gesprochen“, log mit belanglosem Tonfall.
„Na, da sind wir gerade noch rechtzeitig gekommen. Seien Sie vorsichtig, wir kennen diese ‚Dame‘. Die lebt vom Dealen und von Geheimprostitution.“
„Na, da kann ich ja wirklich froh sein, dass Sie auf den Bahnsteig gekommen sind.“

Die zwei gingen weiter und ich merkte, dass meine Beine leicht zitterten. Kurz danach kam mein Zug. Manchmal dauert es kaum eine Stunde, um etwas reifer zu werden.

Ich denke oft an Ilona

Der Tag neigte sich dem Ende zu und der Abend war schon längst verplant. Werner, ein Kollege und Saufkumpan aus meiner Studienzeit, wurde diese Woche 40 und hatte Ilona und mich zu seiner Geburtstagsparty eingeladen. Ilona war begeistert, denn sie fand Werner, den Leader einer bekannten Amateurband, echt cool. Aber für mich war er mehr ein bunter Vogel ohne Ernsthaftigkeit, der seinen Job als Musiklehrer an einer AHS mit mäßiger Begeisterung nur zum Broterwerb ausübte. Seine Energie hingegen versprühte er mit seiner Band. Dort glänzte er als Frontman und Sänger. Die Anhimmelung seiner beiden Backgroundsängerinnen nahm er als willkommene Egostütze entgegen. Vermutlich nutzte er das auch weidlich aus, denn Jenny und Babs, die besagten Backgroundgirls, waren sich sichtbar nicht grün.

Mein Leben hatte sich ganz anders entwickelt. Im eigenen Ingenieurbüro, das sich schon einen Namen gemacht hatte, fühlte ich mich gesetzter und zum Establishment gehörig. Fachliches Können, Verlässlichkeit und Seriosität waren meine Lebens- und Erfolgsgrundlagen.

„Konrad, mit der schwarzen Bürohose darfst du mir nicht auf die Party gehen. Zieh bitte die neue Jean an, da schaust du viel flotter aus – und auf keinen Fall eine Krawatte! ... Konrad, hast du mich gehört?“

„Ja, meine Stute, ich habe dich gehört.“„Ich mag es nicht, wenn du mich Stute nennst! Das ist wirklich kein Kosewort, es deutet bloß auf Geilheit hin. Nenn mich ja nicht in Gesellschaft so!“

„Würde ich mich niemals trauen, mein Schatz.“

„Schatz ist auch sehr abgedroschen.“

„Also bleiben wir bei Loni?“

„Okay."

„Oder doch Lonibaby?"

„Hör auf mit dem Schmarrn und kümmere dich um deine Jean, aber die neue bitte, ja nicht die Gartenjean."

Ich hatte es so eingerichtet, dass wir bei Werner nicht als erste Gäste eintrafen. Die Party war schon im vollen Gange und wegen der Lautstärke konnte ich nur hoffen, dass Werner mit all seinen Nachbarn eine Abmachung getroffen hatte.

„Hallo Konrad, liebste Ilona, schön, dass ihr da seid. Ilona, du bist eine Augenweide, lass dich umarmen."

Dies tat Werner dann ohne eine Antwort abzuwarten und ich sah in seinen Augen, dass sich wohl infolge mehrerer Aperitifs bereits eine leichte Enthemmung eingestellt hatte. Ilona war vom Empfang durchaus angetan und küsste Werner auf beide Wangen.

„Werner, ich hab da für dich einen alten Cognac und eine frühe Platte von Louis Armstrong aus 1972 ..."„Ja, fein, aber kommt erst einmal herein, greift euch ein Glas Erdbeerbowle und macht euch bekannt."

So ist er, der Werner, oberflächlich und immer gut drauf. An dem riesengroßen Glaspot war abzulesen, dass die 2, 4, 6, 7, 9 anderen Gäste bereits einige Liter von der Bowle intus haben mussten. Ich kostete die Bowle. Da war nicht nur Sekt und Soda drinnen, da war mit Himbeerbrand ordentlich aufgepeppt worden. Ilona machte sofort die Runde durch den Gästewald und hatte bald ihre zweite Bowle in der Hand.

Drei Stunden später befand sich die Party bereits auf einem hohen Level. Alle hatten, außer reichlich Alkohol, Brötchen und Gulaschsuppe konsumiert, auch ein paar Süßigkeiten und ich hatte am WC den olfaktorischen Eindruck gewonnen, dass sich mancher Partygast von diesen Köstlichkeiten schon wieder getrennt hatte. Bei wilder und lauter Musik hatten einige zu tanzen begonnen, manche auch zu schmusen und je mehr sich die Tänzerinnen in reizvollen Verrenkungen produzierten, desto mehr Beifall wurde ihnen von der männlichen Gästehälfte zuteil.

Ilona machte da eifrig mit, kreiste mit dem Becken und hatte längst ihre penibel hochgesteckten Haare in die Freiheit entlassen. Ist ja okay, Spaß muss sein. Ich beobachtete die Szenerie durchaus amüsiert. Aber die größte Aufmerksamkeit, meine eingeschlossen, bekamen Jenny und Babs, die unübersehbar Werner mit geschmeidigen Hüftbewegungen anmachten, wobei nach meinem Dafürhalten Babsi den Vogel abschoss, denn sie krönte ihre getanzte Verführung mit ihrer im Takt wippenden, üppigen Oberweite.

Dann trat plötzlich Werner vor, klopfte auf sein Glas und schraubte den CD-Player zurück. „Liebe Freunde, schön, dass ihr hier meinen Eintritt ins Greisenalter mitfeiert. Ich habe mich auch über eure netten Geschenke gefreut, aber ein Geschenk, auf das ich sehr gehofft habe, ist mir abgegangen.“ Kleine Pause, die Gäste schauten sich verblüfft an. „Wo ist die berühmte Torte, aus der dann die Stripperin springt?“

Nach kurzer Schrecksekunde platzt Gelächter hervor. Babsi macht sich bemerkbar: „Werner, wenn du möchtest strippe ich für dich und deine Gäste.“

„Ein nettes Angebot, Babsi, aber wenn man das Ende eines Filmes schon kennt, ist er nicht mehr so spannend.“

Babsi verzieht das Gesicht und setzt sich auf den Diwan.

„Sonst wer bereit?“ Werners fragender Blick kreist durch die Runde.

„Ich werde für dich strippen.“

Ich muss mich verhört haben, das war die Stimme von Ilona, die neben mir sitzt. „Das ist doch nicht dein Ernst?“, flüstere ich ihr zu, aber da hat sich Ilona schon unter Beifall und Grölen erhoben und trippelt Richtung Klavier, ein wenig unsicher, wie mir scheint.

„Bravo, Ilona, aber warte noch“, ruft Werner, „da braucht es noch die richtige Untermalung.“ Er kramt in seiner CD-Schachtel, schon hat er die richtige und steckt sie in den Player. Nach zwei Takten wissen alle, was kommen wird, und sehen vor ihrem inneren Auge Kim Basinger beim Strip in ‚9½ Wochen‘. Ilona beginnt sich im Rhythmus der Musik zu wiegen. Ihre Gesichtszüge sind angespannt, aber sie versucht tapfer, ganz lässig zu agieren. Bluse und Rock fallen beim Klang der Musik noch recht geordnet zu Boden. Beim BH ist meine Angst unbegründet, denn der Verschluss ist vorne und ungeschickte Verrenkungen sind unnötig. Das Doppelnest ihrer Brüste, das im Normalbetrieb der Schwerkraft ein Schnippchen schlagen soll, wird Opfer dieser Naturkraft. Ilona schützt mit den Armen ihre entblößte Brust, aber das Volk ruft: „Weiter, weiter.“

In einem Anfall von Mut greift Ilona an ihre Hüften und zieht den Slip – nicht ihren aufregendsten, denn der Strip war offensichtlich nicht geplant – langsam nach unten, wieder nach oben und dann ganz nach unten bis zu ihren hochhakigen Schuhen.

Und dann, als sie den ersten Fuß aus dem Höschen lösen will, verheddert sich der Absatz im Stoff, Ilona verliert das Gleichgewicht, ein Ausgleichsschritt misslingt mit den gefangenen Füßen, und meine Ilona fällt seitlich vornüber zu Boden. Natürlich bin ich ihr sofort zu Hilfe gekommen, helfe ihr auf, bedecke sie mit meinem Sakko und greife mir noch rasch ihre Klamotten. Dann verschwinden wir im Nebenzimmer, nicht ohne noch durch Schulterzucken dem Geburtstagskind mein Bedauern auszudrücken. Alle sind ein wenig verstört, nur Babsi grinst unverhohlen.

Im Nebenzimmer flossen die Tränen. Nachdem BH und Slip wieder ihren angestammten Platz eingenommen hatten, beäugte Ilona ihre schmerzhaften, aber harmlosen Sturzfolgen und schniefte: „Mir ist so schlecht." Ich brachte sie zum WC und sie erleichterte sich hörbar.

Vom Rest der Party kann ich nichts mehr berichten, weil wir uns rasch verabschiedeten, um nicht als Partycrasher aufzufallen. Was irgendwie in meinem Inneren schon leise angelegt war, wurde mir jetzt klar. Loni war mir immer eine nette Gefährtin gewesen, aber eine Partnerin für die Ewigkeit ist sie sicher nicht. Wir führten eine Aussprache, bei der sie mir natürlich auch meine Sünden an den Kopf warf: zu konventionell, Verlässlichkeit ist ja ganz nett, aber kein Grund zum Verlieben, und überhaupt, wenn mir ihr kleiner Ausrutscher mehr Schmerz verursacht hat als ihr die blauen Flecken, dann sei mein Herz für sie ein wenig zu klein und zu eng.

Bald nach Werners toller Geburtstagsparty trennten wir uns endgültig. Der Abschied von lieb gewordenen Gewohnheiten tut immer weh, aber er ermöglicht den Aufbruch zu neuen Ufern.

------ ----- ----- ----- ----- -----

Werner hatte inzwischen seinen 42. Geburtstag gefeiert – ohne meine Mitwirkung und ich war tatsächlich zu neuen Ufern aufgebrochen. Bei einem gemeinsamen Bauprojekt hatte ich die quirlige Architektin Dorothea kennen und bald auch lieben gelernt. Wir ergänzen uns prächtig. Meine Dienstreise nach Florenz war von Dorothea veranlasst, denn sie hatte einen internationalen Wettbewerb für ein neues Museum der Medici-Kunstsammlung gewonnen und nun mussten örtliche Bauvorschriften, die feuerpolizeilichen Auflagen und die Vorgaben des bodenmechanischen Sachverständigen besprochen und geklärt werden. Am letzten Nachmittag hatte ich in Florenz etwas Freizeit, weil mein Flieger erst am Abend ging. Ich nutzte diese Zeit für einen Besuch der Uffizien und vorm ‚Bacchus' von Caravaggio traf ich unerwartet Ilona.

„Ja wen seh' ich da? Ilona, das ist eine Überraschung!"

„Konrad, du hier in Florenz?"

„Nur beruflich, nicht auf Urlaub. – Machst du hier Ferien?"

„Nein, ich bereite meine Hochzeit vor."

„Wie darf ich das verstehen? Du bereitest die Hochzeitsreise vor?"

„Nein, keine Hochzeitsreise, sondern die Hochzeit. Meine zukünftigen Schwiegereltern leben hier."

„Du willst einen Italiener heiraten? Wie denn das?"

„Höre ich da eine gewisse Abneigung gegen Italiener, oder dachtest du, dass es nach dir für mich keine Männer mehr geben kann?"

„Warum dieser giftige Ton? Ich freue mich natürlich, wenn es dir gut geht und du das Glück gefunden hast."

„Der Beginn meines Glücks war, rückblickend betrachtet, die Trennung von dir!"

„Was du nicht sagst. Hast du schon zu meiner Zeit italienisch gevögelt?“

„Und wenn es so gewesen wäre, würde das deinem Ego Schaden zufügen?“

„Nicht meinem Ego, aber den guten Erinnerungen, die ich bis jetzt an unsere gemeinsamen Jahre hatte.“

„Gemeinsame Jahre, das ist leicht übertrieben. Es waren deine Jahre und ich war dein nettes Beiwagerl, das dir viel Aufmerksamkeit bei deinen Kumpanen eingebracht hat. Mein Ziel war es nicht für immer die Behübschung eines karrieregeilen Mannes zu sein.“

„Willst du wirklich wissen, wie sich die Aufmerksamkeit bei meinen Freunden angehört hat? Hübsch ist sie ja, die Ilona, aber ihr fehlt der Pep.“

„Da hast du den Beweis! Du brauchst keine Persönlichkeit an deiner Seite, sondern eine rundärschige Puppe auf Stilettos.“

„Das ist jetzt bestimmt für dich ganz anders. Dein Italiener ist richtig scharf auf dein Fachwissen, deine Gedichte und dein Klavierspiel. Hat er auch Interesse an der Ilona als Frau?“

„Es geht dich zwar nichts an, aber er vergöttert mich und überhäuft mich mit Komplimenten und Geschenken.“

„Höre ich da das Säuseln eines Sugerdaddys?“

„So ein Blödsinn, er ist doch nur 20 Jahre älter als ich und super in Form!“

„Schön für dich und schau zu, dass ihr in ein behindertengerechtes Haus einzieht. Für mich ist heute etwas zu Bruch gegangen und das wird ehest entsorgt. Ciao Bella.“

Im Flieger ließ ich dann dieses Gespräch noch einmal Revue passieren. Für eine beendete Beziehung waren da doch noch zu viele Emotionen im Spiel. Unter der Asche fanden sich noch Glutreste. Besonders der Hinweis auf ihr wohlgeformtes Hinterteil tat ein bisschen weh, denn solche Rundungen werde ich wohl nie mehr zu fassen kriegen.

Der nachfolgenden Geschichte geht die Kurzgeschichte „Dolores“ aus dem Buch „LEIDENSCHAFT“ voraus.

Nachspiel

Nach unserem Erholungsurlaub im Tessin, den wir als zweite Flitterwochen erleben durften, hatten sich Erika und ich wieder in den Alltag in unserer niederösterreichischen Heimat eingelebt. Ruhe sollte wieder einkehren; die Schatten der Vergangenheit hatte ich gut verdrängt. Auch die Firma konnte ich wieder in Schwung bringen und für die Bilanzbuchhaltung war eine neue Kraft gefunden worden. Als gebranntes Kind hatte ich sehr darauf geachtet, dass sie nur versiert, aber keinesfalls hübsch sein sollte. Frau Kortner, 46 Jahre alt, war die richtige Wahl. Sie hatte zwei Kinder, eine behäbige Figur und eine auffällige Warze auf ihrer linken Wange. Natürlich stellte sie nach ihrer Einarbeitungszeit fest, dass die vorangegangenen Jahre deutlich mehr Gewinn abgeworfen hatten.

„Herr Hausjell, so gut wie das letzte und vorletzte Jahr werden wir leider heuer nicht abschneiden. Weniger Auslandsgeschäfte, kaum Umsatzsteuerrückvergütung und Exportförderung gibt’s auch nicht mehr.“

„Ja Frau Kortner, das ist mir bewusst. So außergewöhnliche Jahre wie die beiden letzten kann man nicht immer erwarten. Bei der Gelegenheit möchte ich Ihnen sagen, dass ich mit Ihrer Arbeit sehr zufrieden bin.“

Damit konnte ich hoffen, dass sich ihr Interesse an der buchhalterischen Vergangenheit erledigt hatte. Da die Prüfer von der Finanz die Tricks von Dolores nicht durchschaut hatten, würde Frau Kortner sie wohl auch nicht erschnüffeln. Alles schien sicher, ich sah keine Gefahr mehr und spürte, dass mir Erika zutiefst dankbar war, weil ich die Untersuchungshaft ertragen und sie nicht hineingezogen hatte. Ich kam endlich zur Ruhe und die Lust auf Seitensprünge war mir vorläufig auch vergangen.

Aus dieser angenehmen Ruhe schreckte mich eine Vorladung zur Kriminalpolizei auf. Natürlich musste ich der nachkommen, aber ich versetzte meinen Anwalt in Alarmbereitschaft. Man empfing mich am Kommissariat unerwartet freundlich. Herrn Klopfer hatte ich als Inspizient meines Kofferraumes noch in unguter Erinnerung, die Dame an seiner Seite kannte ich nicht.

„Herr Hausjell, ich möchte Ihnen Frau Major Denkmayr von der Landespolizeidirektion vorstellen. Wir beide leiten eine Soko, die sich mit ungeklärten Mordfällen befasst. Dazu zählt natürlich auch der Fall ‚Dolores Rautenbach'. Sie wurden in diesem Fall lange als Verdächtiger geführt und sind sozusagen ein Insider."

„Wie Sie aber auch wissen werden, habe ich stets meine Unschuld beteuert und es gab auch kein stichhaltiges Belastungsmaterial gegen mich. Daher wurde ich aus der Untersuchungshaft entlassen. Wenn Sie jetzt den Fall neu aufrollen, wäre ich sehr froh, wenn Sie den Täter endlich finden, denn dann hätte ich auch meine Ruhe von dieser Sache. Wie kann ich Ihnen dabei helfen?"

Ich war sehr gefasst und hatte mich innerlich gut vorbereitet. Natürlich durfte ich etwas irritiert sein, aber ich sollte keine Nervosität oder gar Furcht zeigen. Was ich schon einmal gut über die Rampe gebracht hatte, musste auch jetzt wieder gelingen.

Frau Denkmayr dozierte: „Ich möchte Ihnen den bisherigen Ermittlungsstand noch einmal in Erinnerung rufen. Frau Rautenbach wurde am Freitag den 6. August des Vorjahres zum letzten Mal im Büro Ihrer Firma gesehen. Sie, Herr Hausjell, waren an diesem Tag dienstlich in Tirol. Am Montag erschien Frau Rautenbach nicht im Büro und wurde am nächsten Tag, das war der 10. August, als abgängig gemeldet. Am Sonntag, den 12. September, wurde dann ihre an einen Wagenheber gebundene Leiche von Sporttauchern im Lunzersee gefunden. Todesursache Genickbruch durch Schlageinwirkung. Dass der Wagenheber von Ihrem Auto stammen könnte, wurde vermutet, ließ sich jedoch nicht beweisen. Von den Sachen der Toten fehlten nur die Wohnungsschlüssel. In der Wohnung gab es keine Auffälligkeiten. Handy und Handtasche lagen im Vorzimmer, und so nehmen wir an, dass sich Frau Rautenbach keinesfalls weit von ihrer Wohnung entfernt hat."

„Das ist mir alles hinlänglich bekannt. Was kann ich zur Aufklärung beitragen?"

Ich sah ein gewisses Funkeln in den Augen der Majorin. Sie stupste mit ihrem Kuli aggressiv auf dem Tisch herum. „Uns ist anhand von Fotos, die wir in der Wohnung gefunden haben, aufgefallen, dass Frau Rautenbach eine äußerst attraktive Erscheinung war. Wissen Sie etwas über Männerbekanntschaften, vielleicht in der Firma?"

„Leider nein, ich pflege nicht im Privatleben meiner Angestellten herumzuschnüffeln." Ich versuchte cool zu bleiben. Nur keine Schwäche zeigen!

„Na gut, wir sind da beim Nachforschen. Aber was anderes. Die Schwester von Frau Rautenbach hat uns einen Brief zukommen lassen, dessen kryptischen Inhalt Sie uns vielleicht erläutern können." Sie holte aus ihrer Mappe ein Papier hervor. „Sie schreibt an ihre Schwester: ‚Ich habe hier alles fest im Griff und sehe fetten Zeiten entgegen. Bald werde ich mich deutlich verbessern können.' – Herr Hausjell, können Sie das erläutern?"

Hoffentlich war mein inneres Erschrecken nicht an meinem Gesicht abzulesen. Ich atmete langsam und tief durch. Eine Schwester! Das wusste ich nicht. Beim Begräbnis war ich ja nicht dabei gewesen, weil ich in Untersuchungshaft saß.

„Ich kann zu diesem Text von Frau Rautenbach nur Vermutungen äußern. Dass sie beruflich alles fest in Griff hatte, kann ich bestätigen; sie war eine sehr tüchtige Mitarbeiterin. Deshalb habe ich ihr halbjährlich einen Bonus zukommen lassen. Nicht über die Lohnbuchhaltung, denn das hätte Unruhe im Betrieb gegeben, sondern von meinem privaten Geld. Für den Hinweis auf berufliche Verbesserung habe ich auch eine Vermutung. Ich habe ihr einmal angedeutet, dass ihr die Zukunft eventuell eine Prokura bringen wird.“

„Respekt, eine recht schlüssige Antwort. – Noch eine sehr wichtige Frage: Hatten Sie eine sexuelle Beziehung zur Ermordeten?“

Klick, klack machte der auf und ab hüpfende Kugelschreiber der Majorin. Klopfer starrte erwartungsvoll in meine Richtung. Diese Frage hatte ich befürchtet. Hatten sie etwas in der Hand? Machte mich Leugnen noch verdächtiger? Nein, nichts zugeben, so einfach wollte ich es ihnen nicht machen.

„Natürlich nicht! Das wäre Ehebruch und Ausnützen eines Abhängigkeitsverhältnisses.“

„Herr Hausjell, wie edel und verantwortungsvoll! Aber wir sind zu einer anderen Meinung gekommen. Wir haben für unsere Vermutung bedeutsame Hinweise gefunden.“

„Das kann ich mir nicht vorstellen. Wollen Sie mich einschüchtern?“

Herr Klopfer machte seine Mappe auf. „Na dann hören Sie sich das einmal an. Im Haus von Frau Rautenbachs Wohnung hat Sie zweimal der Hausmeister am Abend gesehen. Er glaubt, es wäre immer ein Donnerstag gewesen. Interessant ist dabei die Tatsache, dass Ihre Frau immer am Donnerstag zur Gymnastik beim Turnerbund geht. Übrigens, nicht nur Ihre Fingerabdrücke haben wir in der Wohnung Rautenbach gefunden, sondern auch Ihre DNA – auf einer Zahnbürste. Was sagen Sie dazu?“

Der triumphierende Blick von Klopfer machte mich wütend. Da war nun nichts mehr abzustreiten. Jetzt konnte nur mehr Frechheit etwas ausrichten. „Wer will schon einen Mann mit Mundgeruch küssen. Ja, ich gebe es zu; Dolores und ich waren ein Liebespaar. Ihr unerklärliches Verschwinden und dann der grausige Leichenfund haben mich in eine tiefe seelische Krise gestoßen. Aber warum sind Sie nicht schon vor Monaten bei meiner Untersuchungshaft mit diesen Ermittlungen herausgerückt? Schlamperei, Unterdrückung von Beweismitteln, oder was?“

„Wir geben zu, damals ist in der Informationskette nicht alles rund gelaufen. Ein Teil dieser Erkenntnisse ist jedoch neu. Ihr Seitensprung sollte uns egal sein, aber daraus könnte sich ein Motiv ergeben. Waren Sie Ihrer Liebschaft überdrüssig, oder hat Sie Frau Rautenbach unter Druck gesetzt?“

„Nichts von dem! Ich habe Dolores geliebt.“

„Hat Ihre Frau von Ihrem Seitensprung Bescheid gewusst?“

„Um Himmels Willen nein! Und das muss auch so bleiben. Ich bitte Sie.“

Jetzt hatten sie mir die Schneid abgekauft. Ich fühlte mich nackt und machte einen letzten Versuch, meine Souveränität wiederzugewinnen.

„Wenn Sie keine anderen Fragen haben, als in meinem Liebesleben herumzustochern, werde ich jetzt gehen. Weitere Gespräche nur mehr in Beisein meines Anwaltes.“ Ich hörte keinen Widerspruch, stand auf und verließ nach kurzem Gruß die Polizeistation.

Bevor ich nach Haus zu Erika fuhr, blieb ich noch einige Zeit im Wagen sitzen und versuchte meine wirr kreisenden Gedanken zu ordnen. Hatte ich mich falsch verhalten? Weiteres Leugnen hätte mich sicher noch verdächtiger gemacht. Was konnte jetzt noch kommen? Hausdurchsuchung, schoss es mir durch den Kopf. Darauf mussten Erika und ich vorbereitet sein!

Zu Haus berichtete ich Erika das für sie Zuträgliche. Meinen Besuch bei der Rautenbach erwähnte ich so nebenbei. Es wären Unterlagen für eine Besprechung beim Steuerberater abzuholen gewesen. Ich erwähnte die fehlenden Wohnungsschlüssel und Erika griff sich an den Kopf. Die mussten bei uns noch irgendwo herumliegen! Ja, die CDs hatte sie im Mikroherd zerstört und dann entsorgt. Die Leichenplane hatte ich gleich nach der Fahrt zum Lunzersee im Nachbarort zum Altstoffzentrum gebracht. Also mussten wir nur noch nach den Schlüsseln suchen. Über all dem schwebte aber drohend die Schwester von Dolores, die ich nicht kannte und von der ich nicht wusste, ob ihr Dolores von unserem Techtelmechtel und den Buchhaltungstricks erzählt hatte.

„Bärli, soll ich die Keule wegräumen? Sauber geputzt habe ich sie."

„Lieber nicht. Zu viele Leute, einschließlich unserer Putzfrau kennen das Schmuckstück am Kaminsims. Es könnte auffallen, wenn es plötzlich fehlt."

Hatte ich an alles gedacht? Ich war wieder in einer Verfassung wie damals, als ich verhaftet wurde. Penibel durchsuchten wir das ganze Haus nach dem Schlüsselbund von Dolores. Vom Dachboden bis zum Keller, auch die Garage und das Gartenhaus. Erfolglos! Erika konnte sich partout nicht mehr erinnern, wohin sie die Schüssel gelegt hatte. Aber wir konnten hoffen, wenn wir nach stundenlanger Suche nicht fündig wurden, dann sollte eine Hausdurchsuchung auch nichts finden.

Es vergingen zwei Tage in drückender Ungewissheit. Am dritten Tag rief mich Erika um halb 10 in der Firma an. „Komm bitte nach Haus. Die Polizei stellt alles auf den Kopf."

Ich raste nach Haus. Vor dem Haus standen drei Polizeiautos. In Körben wurden Akten aus meinem Arbeitszimmer herausgetragen. Das beruhigte mich. Ich hebe nichts Verfängliches auf. Im Wohnzimmer ging Erika nervös hin und her, Frau Denkmayr befasste sich mit unserem Bücherschrank. Unwillkürlich fiel mein Blick auf den Kaminsims. Dort funkelte gerade im Lichte eines gespiegelten Sonnenstrahls die Keule silbrig glänzend. Bedrückende Stille, nur der Suchtrupp der Polizei huschte durchs Haus, niemand sprach ein Wort.

„Frau Major, Sie erlauben, ich rufe jetzt meinen Anwalt an."

„Nur zu, Herr Hausjell; das steht Ihnen frei."

Ich erreichte den Anwalt. Er sagte, dass er in einer knappen Stunde vorbeikommt. Plötzlich wurde es laut. Jemand polterte die Stiege herunter. Es war der Klopfer. Mit triumphierender Miene stürmte er ins Wohnzimmer und hielt der Denkmayr einen Schlüsselbund vor die Nase. Ich erkannte ihn sofort. Jetzt wurde es aber richtig eng.

„Ach ja, das sind meine Reserveschlüssel für die Firma. Haupttor, Bürotrakt, Buchhaltungsschrank, Handkassa und für den Durchgang zur Werkstatt. Den Bund habe eh schon vermisst. Danke.“

Frau Denkmayr schaute den Bund genau durch und dann blickte sie zu mir. „Da ist auch noch ein Wohnungsschlüssel dabei. Schauen wir einmal.“ Sie griff in ihre Jackentasche, zog einen Schlüssel hervor, verglich und wandte sich an Klopfer: „Bingo! Wo war denn der Schlüsselbund?“

„In einer Lade mit Dessous, zwischen einem Stapel schwarzer Slips.“

Das blöde Grinsen von Klopfer war unerträglich. Ich sah aus den Augenwinkeln, dass Erika mit bösartigen Gesichtszügen zu zittern begonnen hatte.

„Herr und Frau Hausjell, ich verhafte Sie beide wegen des ...“

Weiter kam Klopfer mit seinem Sprüchlein nicht. Erika hatte einen Satz gemacht, blitzschnell die Keule von Sims gerissen und sich mit einem tierischen Schrei auf Klopfer gestürzt. Der konnte dem heftigen Schlag nur mehr zum Teil ausweichen und so sauste die Keule auf seinen Oberarm nieder. Frau Denkmayr und ich waren zurückgezuckt und zeitgleich stürzten zwei Polizisten von der Diele kommend sich auf Erika, die mir wie in Trance vorkam.

„Herr Klopfer, sind Sie verletzt?“ Klopfer stöhnte mit verzerrtem Gesicht. „Kleiner Trost, jetzt haben wir auch die Tatwaffe gefunden.“

Was soll ich noch weiter berichten? Ich wurde wegen Verschleierung eines Tötungsdeliktes zu drei Jahren verdonnert. Jetzt, nach zwei Jahren, bin ich mit Fußfessel freigekommen und kann mich wieder um die Firma kümmern, die unser Werkmeister mit Hilfe von Frau Kortner vorbildlich über die Runden gebracht hatte. Die Buchhaltungstricks blieben unentdeckt und mein Konto in Vaduz ist noch immer beachtlich. Erika hat es nicht so gut erwischt. Für den Totschlag von Dolores und Widerstand gegen die Staatsgewalt, mit schwerer Verletzung von Herrn Klopfer, wurden ihr zwölf Jahre aufgebrummt.

Übrigens, Frau Kortner hat sich zu ihrem Vorteil verändert. Sie hat ca. 5 kg abgenommen und die Warze entfernen lassen. Ein enges Verhältnis zur Buchhaltung kann bestimmt kein Fehler sein.

Die nachfolgende Geschichte schließt an „Die inneren Werte von Tanjas BH“ an, einer Kurzgeschichte aus dem Buch LEIDENSCHAFT.

Tanja und der Esel

Wussten Sie, dass eine Frau für ihr wahres Glück nur vier Tiere braucht? – Nein? Ich kann es Ihnen gerne erklären: Sie braucht einen Jaguar in der Garage, einen Nerz im Kleiderschrank, einen Hengst im Bett und einen Esel, der das alles bezahlt. – Das finden Sie lustig? Ich nicht, denn ich war der Esel.

Dieser Esel heißt Jakob Schwatzer und ist ziemlich vermögend. Das hat ihn einerseits zum Esel gemacht und ihn andererseits gerade noch vor dem finanziellen Totalabsturz bewahrt. Das änderte sich erst als der junge Hengst auftauchte. Ich hasste ihn keineswegs, im Gegenteil ich versuchte ihn vor dem Tanja-Virus zu schützen! Wenn Sie mir bis hierher gefolgt sind, werden Sie mich vermutlich für einen Volltrottel halten, aber ich bitte um Nachsicht, die Sie mir vielleicht auch gewähren werden, wenn ich ein wenig ausholen darf.

Ich bin Personalchef einer großen Versicherung und in dieser Funktion ist mir Tanja schon vor vier Jahren bei ihrem Vorstellungsgespräch aufgefallen. Eine ausnehmend hübsche Person mit guten Zeugnissen und selbstsicherem Auftreten, denn ihr war offensichtlich bewusst, dass sie mit ihrem Sexappeal jedes männliche Hindernis niederbügeln kann. Mit mir ging das genauso; ich habe sie eingestellt und den Gedanken, sie könnte Unruhe in der Mannschaft stiften, leichtsinnig beiseitegeschoben. Mir war es nicht bewusst, aber ich war vom ersten Augenblick an vom Virus „Tanja“ infiziert.

Ich verfolgte aufmerksam, aber verdeckt, ihren weiteren Weg in der Firma. Ihre Arbeit in der Schadensabteilung erledigte sie zufriedenstellend. Nach ein paar Wochen fiel mir auf, dass sie sich anders, nämlich eindeutig auffälliger kleidete und bald wusste ich auch warum. Sie hatte sich offensichtlich den Leiter der Unterabteilung Glasbruch als Opfer ausgesucht. Dieser harmlose Mensch glaubte wohl, die Eroberung seines Lebens gemacht zu haben und ahnte nicht, dass er im Netz einer gefühllosen Spinne eingewickelt worden war. Ich ahnte das auch noch nicht, im Gegenteil, der Virus „Tanja“ hatte sich bereits in meinem Hirn ausgebreitet und erzeugte dort Eifersucht! Dem Glasbruchchef gönnte ich Tanja keinesfalls! Hätte ich denn eine Chance?

Messerscharfe Problemanalysen waren schon immer meine Stärke. Das sollte mir auch in dieser Situation weiterhelfen. Warum Walter Schuster, der Leiter der Unterabteilung? Er war weder der Hübscheste oder Vitalste noch der Humorvollste von unseren Herren in der Abteilung, aber er war der Chef der Unterabteilung! Daran hat sich offensichtlich Tanja orientiert. Sie suchte vielleicht Sicherheit. Na bitte, da habe ich doch eindeutig mehr zu bieten. Also könnte ich trotz Glatze und 50+ noch eine Chance haben, ich, der ich nach meiner Scheidung schon fünf Jahre am sexuellen Hungertuch nagte.

Diesen Gedanken wurde ich nicht mehr los. Bald beherrschte er mein ganzes Denken, alle Vorbehalte wurden von Tag zu Tag kleiner und mir wurde klar, dass ich den Versuch wagen musste. Eine zeitgleich ablaufende Konferenz der Versicherungsmanager spielte mir günstig in die Hände. Ich berief Tanja in mein Büro, ließ Softdrinks und Kaffee servieren und befragte das Ziel meiner Wünsche, ob sie sich in der Firma gut eingelebt hätte. Dann erwähnte ich die Konferenz und das am nächsten Tag stattfindende Abschlussbankett, an dem ich als Geschiedener eben allein teilnehmen würde. Es sei denn… – ich sah den kleinen Ruck, der durch Tanja ging – sie, als junge Mitarbeiterin unserer Versicherungsgesellschaft, würde mich begleiten? Tanja zierte sich nicht lange und sagte zu.

Der Anfang war somit gemacht und ich hing fest an ihrem Haken. Rückwirkend betrachtet hätte es mich stutzig machen müssen, wie schnell sie mir entgegen kam. Umarmung und Küsse schon nach dem Bankett, drei Tage später ein Abendessen bei mir zu Hause, das mit Zärtlichkeiten, Textilverlust und einem bereitwilligen Schoß mein Schicksal besiegelte. Ich beschloss spontan, dass ich diese Frau, beziehungsweise ihren Körper, nie mehr hergeben werde.

Eifersüchtig, wie ich war, fragte ich sie natürlich auch nach ihrer Beziehung zu ihrem Vorgesetzten Walter Schuster. Mein Gott, Walter wäre bloß ein harmloser Spinner, der glaubte, er könne sie mit selbstgebastelten Gedichten beeindrucken. Ja, einmal war sie mit ihm in einem ausgefallenen Lokal essen, hätte dort schleimige Austern essen sollen und er hatte sich eingebildet, sie würde anschließend mit ihm noch in seine Wohnung kommen. Von wegen! Sie würde ihm bei der nächsten passenden Gelegenheit schon noch klar machen, dass er keine Chance bei ihr hatte. Und diese Gelegenheit kam dann bald, als ein Feiertag bevorstand und ich Tanja vor dem Büro für einen Kurzurlaub abholte. Dort bemerkte ich Walter Schuster, der offensichtlich auch Tanja abpassen wollte. Sie kam heraus, Walter ging auf sie zu und hielt ein Kuvert in der Hand, sie sprach nur wenige Worte zu ihm, ließ ihn stehen und stieg zu mir in den Porsche. Ich war zufrieden mit mir, der Welt – und überhaupt. Der Kurzurlaub im Luxushotel wurde sehr anstrengend. Wir kamen nur zu den Mahlzeiten aus unserer Suite.

Das war der Anfang und insgeheim hegte ich tief in meinem Herzen die Hoffnung, aus dieser leidenschaftlichen Affäre könnte eine liebevolle Beziehung werden. Diese Hoffnung wuchs, als ich nur ein paar Wochen später Tanja anbot, zu mir in meine Villa zu ziehen, und sie das gerne annahm. Zum Einstand bei mir schenkte ich ihr eine weiße Nerzjacke. Sie freute sich so sehr darüber, dass sie mir noch am selben Abend diesen hübschen Pelz solo, als einziges Kleidungsstück, vorführte. Es folgte eine sehr lustvolle Zeit, die mich ziemlich forderte, auch finanziell. Ich musste allerdings bald feststellen, dass ein unverkennbarer Zusammenhang bestand, zwischen teuren Geschenken wie Schmuck oder auch Haut Couture und einer besonderen Hemmungslosigkeit ihres Luxuskörpers. Trotzdem war ich zufrieden und glücklich mit dieser Situation. Ich bin leider kein Apollo und muss diesen Umstand eben durch meine monetäre Potenz ausgleichen. Ein ernstes Gespräch über Liebe und Zukunft unserer Verbindung schob ich hingegen noch immer vor mir her.

Eines Tages fragte mich Tanja, ob ich Mann und Frau für völlig gleichberechtigt halte. Aber natürlich, antwortete ich, ohne zu überlegen, ich betrachte sogar die Frau als Krone der Schöpfung! Dann wäre es aber auch angemessen, wenn sie – als Gegenpart zu meinem Porsche – auch einen Sportwagen hätte, aber keine billige, japanische Rennschüssel, eher ein Jaguar-Coupé. Goldorange würde ihr am besten gefallen. Ich unterdrückte einen tiefen Seufzer, denn nun war es klar, Tanja war eine Kurtisane, die ausschließlich auf Abzocken aus war. Aber weil ich mir zu dieser Zeit eine Trennung von Tanja noch nicht vorstellen konnte, gingen wir gemeinsam zum Autohaus der Raubkatze.

Als die Lieferzeit um war und der Jaguar in unserer Garage stand, bemerkte Tanja sofort, dass ich als Besitzer des Fahrzeuges im Zulassungsschein eingetragen war. Erst der schlaue Hinweis, dass ich als Direktor der Versicherung nur für persönliche Fahrzeuge den großen Nachlass bei den hohen Kosten für Haftpflicht und Kasko lukrieren könne, konnte sie ein wenig besänftigen. Selbstverständlich stehe der Jaguar ausschließlich ihr zur Verfügung! – Das war aber eine Notlüge, weil ich den mir zustehenden Direktors-Rabat natürlich schon für meinen Porsche verbraucht hatte. Und ich sagte ihr auch, sie müsse für die Betriebskosten des Coupés selbst aufkommen. Ihr auf Halbtagsbeschäftigung reduziertes Gehalt würde dafür wohl ausreichen.

So kam es, dass der Jaguar unser Intimleben nicht überborden ließ. Das kam mir nicht ungelegen. Zwar verlangten meine Triebe weiterhin nach der von einem Cherubim-Tattoo bewachten Intimzone Tanjas – an die Drohgebärde des Flammenschwertes hatte ich mich längst gewöhnt –, aber der Rest meines Verstandes sagte mir, dass baldigst Schluss sein müsse, bevor mich der Vampir blutleer gesaugt hätte.

Dann kam der Samstag im Oktober, an dem ich einer Einladung zu einer Treibjagd nachkommen musste. Dafür hatte Tanja kein Interesse und wollte an diesem Tag lieber die Annehmlichkeiten meiner Villa genießen. Nach der Treibjagd gab es noch ein feines Essen, jedoch blieb ich nicht zum Bechern länger sitzen, sondern machte mich auf den Heimweg, weil die vielen erlegten Hasen bei mir schon den ganzen Tag die Sehnsucht nach meinem Superhasen Tanja wachsen ließen.

In meiner Einfahrt stand ein kleiner Renault mit Wiener Kennzeichen. Oh Schreck, das musste mein Sohn sein. Ich hatte schon einige Wochen nichts von ihm gehört; er lebte in Wien bei meiner Ex. Da fiel mir ein, dass ich wegen der Jagd mein Handy auf lautlos gestellt und vergessen hatte nachzusehen und wieder umzustellen. Er kam mir schon bei der Tür entgegen.

„Hallo Papa, ich wollte dich nicht überfallen, aber ich hab‘ dich telefonisch heute nicht erreicht. Macht es dir was aus, wenn ich mich bei dir für einige Tage einquartiere?“

„Mein Haus steht dir immer offen, das weißt du. Aber was treibt dich nach Linz, jetzt, mitten im Semester?“ Dabei überlegte ich erschrocken, wie ich ihm die Anwesenheit von Tanja erklären sollte.

„Für meine Bachelorarbeit mache ich Versuche im Labor der Chemie-Linz. – Papa ich war erstaunt, bei dir diesen heißen Feger vorzufinden, der sich als deine ‚Housekeeperin' vorgestellt hat. Wow, Papa, du wirst doch nicht …?"

„Robert, wo denkst du hin! In meinem Alter braucht man keinen heißen Feger mehr. Aber ja, du hast recht, sie ist eine sehr hübsche Person. Also komm jetzt, wir gehen ins Haus."

So war auch mein Sohn vom ersten Augenblick an vom Tanja-Virus infiziert! Statt Eifersucht empfand ich eher so etwas wie Erleichterung. Also, wenn er mit Tanja …, dann würde diese raffgierige Hexe für mich in so etwas Ähnliches wie eine Tabuzone rücken. Mein triebgesteuertes Verhalten würde sich einbremsen und ich könnte mich vielleicht schmerzfrei von Tanja lösen. Gleichzeitig bliebe meinem Sohn Robert sein Erbe erhalten. Das war eigentlich ein genialer Plan! Jetzt müsste nur noch Tanja anbeißen und den jungen Hengst an sich ranlassen. Allerdings gab es noch eine große Fallgrube. Ich will natürlich keinen Enkel von Tanja. Somit blieb ein Restrisiko, denn ich konnte Robert schwerlich schon vor dem Erstkontakt mit Ermahnungen bedrängen.

So vergingen die nächsten zwei Tage, an denen Tanja und ich Abstand zueinander hielten. Getrennte Schlafzimmer hatten wir von Anfang an. Zu Intimitäten trafen wir uns sonst oft im großen Doppelbett, in dem ich seit jeher schlief, oder auch an anderen Orten des Hauses, die bequem genug waren. Natürlich war es Tanja nicht entgangen, dass Robert sie hoffnungsvoll mit Blicken zu entkleiden versuchte. Sie wusste aber in meiner Anwesenheit nicht recht, wie sie sich verhalten sollte. Für meinen Plan der Entwöhnung war es daher sehr günstig, dass Tanja nur am Vormittag im Büro war und auch das Labor meinen Sohn auch nur vormittags als Praktikanten werken ließ. Also war ‚Tanja und der junge Hengst' ein Nachmittagsprogramm.

Ich brauchte Gewissheit, ob mein Plan aufging. So fuhr ich am dritten Tag von Roberts Anwesenheit am Nachmittag schon um 4 Uhr nach Hause, parkte auf der Straße und schlich mich ins Haus. Anhand der Geräusche wusste ich nicht sofort, wo sich die jungen Leute aufhielten. In der Küche und im Wohnzimmer war es vollkommen ruhig. Ich öffnete vorsichtig die Terrassentür, um den Garten zu inspizieren. Meine feine Nase nahm irgendeinen ungewöhnlichen, süßlichen Duft wahr. Niemand im Garten. Aber dann hörte ich deutliche Laute aus dem Seitentrakt, wo sich der indoor Pool befindet. Jetzt wurde es für mich klar. Die beiden hatten auf der Terrasse einen Joint geraucht und vergnügten sich jetzt im oder am Pool!

Ich ging den Halbstock zum Pool hinunter und spähte durch die Glastüre. Und wie sie sich vergnügten! Sie trieben es filmreif auf dem großen, pinkfarbenen Schwan, den sich Tanja als Schwimminsel gewünscht hatte. Die Details dieser dynamischen Kopulation möchte ich nicht erörtern, aber die akustischen Äußerungen von Tanja verursachten bei mir Ernüchterung und Wut. Beim Liebesspiel mit mir hatte sie im Finale immer ihre Kommunikation auf mit erregter Stimme artikulierte Halbsätze verkürzt, wie zum Beispiel ‚das tut gut‘, ‚mach weiter‘, ‚oh ja‘, ‚ich komme‘. Hier, im Pool, eingequetscht zwischen Schwan und Hengst, kam sie mit nur zwei Vokalen aus, A und O, gepresst vorgetragen mit einer um eine Quart erhöhten Stimmlage. Jetzt war es also amtlich. Was ich schon leise geahnt hatte, war nun erwiesen. Tanja hatte mir ihre Orgasmen vorgespielt! Sie hatte Leidenschaft geheuchelt, weil das zu ihrem Abzockplan gehörte. Ich war von Anfang an der Betrogene und hätte viel Geld sparen können, wenn ich mir statt Tanja eine der neuesten Silikonpuppen zugelegt hätte.

Am Abend war Robert ausgegangen, um einen Studienkollegen zu treffen. Ich nützte die Gelegenheit und suchte das Gespräch mit Tanja. Sie rückte näher und wollte schon ihre Bluse aufknöpfen, in der Meinung, nach drei Tagen Abstinenz wäre ich sicher reif.

„Na, liebste Tanja, hat dir heute die Vögelei auf dem großen Vogel gefallen?“

„Jakob, ich weiß nicht, was du meinst ...“

„Wenn du mit meinem Sohn schläfst, bist du für mich gestorben. Ich habe euch heute beobachtet. Mach, was du willst, aber verlasse mein Haus innerhalb einer Woche. – Und dein Kündigungsschreiben in der Firma erwarte ich auf meinem Schreibtisch. Gute Nacht!“

„Ist vielleicht eh besser, wenn ich mich von dir trenne, du alter Sack. Du hast mich nur ausgenützt, nicht einmal den Jaguar hast du mir übertragen, du alter Geizkragen. Ich werde mit Robert nach Wien gehen und dort ein neues Leben beginnen, ein Leben voller Sex und Liebe, und du kannst dann in Linz deine Gelüste im Bordell abreagieren.“

So kam es dann rasch zu einer Trennung. Ich versorgte Robert noch mit wichtigen Ratschlägen hinsichtlich Verhütung von Nachwuchs und erklärte ihm, dass ich sein Monatsgeld von 800,- Euro nicht erhöhen und keinesfalls für etwaige Schulden aufkommen werde. Schon am übernächsten Tag zogen beide aus und bepackten Roberts Kleinwagen. War nicht ganz leicht, mit dem vielen Zeugs, das sich bei Tanja mit Nerzjacke und Sonstigem so alles angesammelt hatte. Aber der Jaguar blieb in Linz, meine Zeit als Esel war somit beendet und jetzt hatte der junge Hengst Tanja am Hals.

Vorgestern traf ich zufällig eine Kollegin aus Wien, die einer anderen Versicherungsgesellschaft angehört. Sie hätten vor mehr als einem Jahr eine junge Frau aufgenommen, die gute Referenzen von mir vorgelegt hatte. Die sei bald im ganzen Haus bekannt geworden, als Wanderpokal bei den Direktoren und als Schulschiff bei den jungen, männlichen Mitarbeitern. Ich schloss daraus, dass Tanja nun ihre Talente in beiden Beutekategorien gewinnbringend einsetzte, um das Nützliche mit dem Angenehmen zu verbinden. Sie hatte sich offensichtlich perfektioniert. Von meinem Sohn Robert wusste ich, dass er überraschend bald das Interesse an Tanja verloren hatte, weil er sich ihre Wünsche nicht mehr leisten konnte. Gut so! Den Esel spielen jetzt andere.

Hannah

Eine Geschichte in 12 Szenen

von Peter Kirsch

Linz, Juli 2021

Vorwort

Dieses Bühnenstück wurde durch ein Damenbildnis inspiriert, das der Maler Anton Filkuka (1888 bis 1957) geschaffen und 1931 signiert hat. Der Autor hat es so ähnlich, wie in der ersten Szene beschrieben, vor Jahren erworben. Trotz intensiver Recherchen konnten nur reichlich Daten zum Leben und Wirken von Anton Filkuka erhoben werden, aber nichts zu der Im Bildnis dargestellten Hannah Roth.

Mit leicht verfälschten Namen ist das nachfolgende Bühnenstück daher eine reine Fiktion und keinesfalls durch Daten, auch nicht bruchstückhafte oder vage, belegt. Als Protagonistin wird eine Frau geformt, etwas selbstsüchtig und charakterschwach, die nichts anderes will, als alle Aspekte des ‚Frau sein' voll auszukosten, jedoch daran tragisch scheitert.

Mein besonderer Dank gilt Frau Mag. Verena Halvax, die den Text lektoriert hat und der ich wertvolle Korrekturhinweise verdanke.

Peter Kirsch

Hannah

Bühnenstück in zwölf Szenen

Charaktere:

Hannah Rothenberg

Eugen Rothenberg, ihr Gatte

Ferenc Estvany

Anton Vielgucker

Herr Peter, Kaffeehausgast

Dame, seine Gattin

Wirt

Theresa, Hannahs Freundin

Leni, Hausmädchen

Sekretärin

Hausmeisterin

Nachbarin

HANNAH

Erste Szene

Eine ländliche Kaffeeeinkehr. Ansprechend möbliert, aufgewertet durch diverse Kunstgegenstände, Bilder und Antiquitäten. Wenig Betrieb. Der Besitzer/Pächter bedient selbst die wenigen Gäste. - Ein Ehepaar richtet sich zum Gehen und möchte zahlen.

Herr: „Ich möchte zahlen!"

Wirt: „Gerne. – 14,60 wenn ich bitten darf."

Dame: „Sagen Sie, wo haben Sie diese vielen schönen Dinge her?"

Wirt: „Im Laufe der Jahre gesammelt. Überwiegend durch Aufkauf von Verlassenschaften. – Ich handle auch mit solchen Dingen. Schauen Sie sich ruhig ein wenig um. Wenn Ihnen etwas gefällt, können Sie es kaufen."

Dame: „Interessant! - Schau einmal. Das große Bild mit der vornehmen Dame ist mir sofort aufgefallen. Eindrucksvoll, findest du nicht?"

Herr: „Ja durchaus sehr ansprechend …"

Wirt: „Das Bild stammt von einem bekannten Maler der Wiener Gesellschaft. 1. Hälfte des 20. Jahrhunderts. Man hat ihn geschätzt wegen seiner stilvollen Landschaftsbilder und seiner Portraits. – Für 1.800,- Euro würde ich es verkaufen.

Herr: „Ich bin ein Laie und kann den künstlerischen Wert nicht einordnen, aber handwerklich hat der Maler wirklich etwas können. Sehr beeindruckend. Wer ist denn diese Dame auf dem Gemälde?“

Wirt: „Man kennt den Namen der Dame. Sie heißt Hannah Rothenberg.

Dame: „War sie berühmt, vielleicht eine Schauspielerin oder Sängerin?

Wirt: „Darüber habe ich keine Information. Aber man hat mir gesagt, ihr Schicksal sei von einem düsteren Geheimnis umgeben. – Ich habe dazu sogar Nachforschungen angestellt, konnte aber in den Wiener Zeitungen der 1930iger Jahre ihren Namen nicht finden.“

Dame: „Ein düsteres Geheimnis, wie interessant. Aber der Schönheit des Bildes tut dies sicher keinen Abbruch. Findest du nicht auch, Peter?“

Herr: „Bin ganz deiner Meinung. Das Bild strahlt eher volles Leben aus. – Ich möchte Sie nicht binden, aber ich werde mir Ihr Angebot überlegen und mich bei Interesse bald melden. – Für heute auf Wiedersehen.“

Wirt: „Vielen Dank für Ihren Besuch. Vielleicht wird die Hannah bei Ihnen ein neues Zuhause finden? Einen schönen Tag wünsche ich.“

Herr und Dame verlassen das Lokal. Der Kaffeehausbetrieb läuft weiter. Die Szene schließt.

Anton Filkuka: 'Bildnis einer Dame' - Hannah Roth

Zweite Szene

1930 Kursalon im herbstlichen Wiener Stadtpark. Viele Gäste, die um den Musikpavillon und eine Tanzfläche gruppiert sind. Die kleine Kapelle hat gerade ihr Nachmittagskonzert beendet und geht in die Pause. An einem der vorderen Tischchen sitzen Hannah und Theresa.

Theresa: „Was ich dir noch erzählen wollte, Hannah: Also, du weißt doch, dass mein Cousin Albert die Buchhandlung am Graben führt. Neulich war ich dort und da hat er mich zur Seite genommen, weil es eine Neuerscheinung gibt, die er nur unter der Pudel verkaufen kann."

Hannah: „Mein Gott, was Politisches?"

Theresa: „Aber nein, dafür interessiere ich mich doch gar nicht! Neu im Laden hat er ein obszönes Buch von einem Engländer, das überall Anstoß erregt. Albert hat aber gemeint, als moderne Frau muss man so was gelesen haben. Na, was soll ich dir sagen, ich hab' es mitgenommen!"

Hannah: „Und, Theresa, hast du es schon gelesen? Ist es wirklich so arg?"

Theresa: „Also, ich sag dir! Mir sind die Augen aufgegangen! Da wird eine adelige Dame mit einem Wildhüter intim. Aber wie! Du kannst dir gar nicht vorstellen, was die miteinander treiben und wie sie es machen. Mir ist beim Lesen ganz schwül geworden."

Hannah: „Bei was ist dir schwül geworden? Erzähl!"

Theresa: „Ich kann nur sagen: hemmungslos! Aber das musst du selber lesen und du wirst auch zu dem Schluss kommen, dass wir braven Ehefrauen viel versäumen, quasi am wahren Leben vorbeidämmern. Oder ist bei dir und Eugen viel los im Bett?"

Hannah: „Was soll die Frage? Wir führen ein normales Eheleben. Eugen ist mein Kuschelbär und ich erfülle, wann immer er will, meine ehelichen Pflichten, in der Hoffnung, dass es doch noch etwas wird mit einem Kind. Das wird wohl bei dir und Stefan nicht anders sein, oder?"

Theresa: „So ähnlich. Aber Kinder haben wir eh schon zwei und daher haben seine Bemühungen stark nachgelassen. Ich bin durch das Buch zur Überzeugung gelangt, im Bett wäre für uns Frauen noch viel mehr zu holen …"

Die Musikkapelle ist in den Pavillon zurückgekehrt. Der Kapellmeister kündigt an, dass jetzt zum Tanz aufgespielt wird. „Fünf-Uhr-Tee"

Theresa: „Schau einmal, dort links vom Pavillon sitzt ein Herr solo. Der ist doch richtig fesch! – Achtung, jetzt hat er zu uns herübergeblickt. Mein Gott, ich glaube der steuert jetzt auf uns zu! Schau ja nicht hin!"

Ferenc kommt zum Tisch der beiden Damen und verbeugt sich sehr förmlich.

Ferenc: „Einen höflichen Gruß den beiden reizenden Damen. Darf ich um den nächsten Tanz bitten? Allerdings stehe ich bei so viel Liebreiz vor einer ungerechten Wahl." Mit einer Verbeugung vor Theresa: „Darf ich bitten?"

Theresa ist freudig überrascht und erhebt sich, um Ferenc auf die Tanzfläche zu begleiten. Hannahs Miene verliert das Lächeln. T. und F. tanzen, Hannah nippt gelangweilt an ihrem Getränk.

Ferenc hält beim Foxtrott strenge Tanzhaltung ein und wendet den Blick über Theresas Schulter fast unentwegt Hannah zu. Sie merkt es und lächelt zurück.

Der Tanz ist zu Ende und F. begleitet T. zum Tisch zurück.

Ferenc: „Ich bedanke mich höflichst für das Vergnügen dieses Tanzes. Ich hoffe, dass mir Ihre Begleiterin die ungerechte Wahl nicht übelnimmt und mir bitte den nächsten Tanz schenkt?"

Hannah: „Gerne, Herr Charmeur, wie war Ihr Name?"

Ferenc: „Wie ungeschickt von mir! Darf ich mich vorstellen? Ferenc Estvany."

Hannah: „Meine Freundin Frau Theresa und ich heiße Hannah. Die Vornamen sollten Ihnen vorerst genügen. Aber unser Tanz beginnt.

H. und F. begeben sich auf die Tanzfläche. Es wird ein English Walz gespielt. F. hält H. eng an sich gedrückt.

Ferenc: „Frau Hannah, Sie tanzen leicht wie eine Feder und beweglich wie eine Gazelle. Ich bin von Ihrem Liebreiz ganz hingerissen."

Hannah: „Sie wissen wohl ganz genau, was Frauen hören wollen. – Wenn eine Frau gut geführt wird, kann sie auch gut tanzen."

Ferenc: „Eigentlich ist das Tanzen zweitrangig. Ich bin nämlich von Ihrer Schönheit gänzlich verzaubert. Schon während des Konzertes konnte ich kaum die Augen von Ihnen abwenden. Verehrte Frau Hannah, Ich MUSS Sie wiedersehen!"

Hannah: „Herr Ferenc, wie stellen Sie sich das vor? Ich bin eine verheiratete Frau!"

Ferenc: „Ich flehe Sie an, Frau Hannah …"

Hannah: „Wenn sich Ihre Erregung abgekühlt hat, sprechen wir darüber. Sie können mich an Wochentagen zwischen 11 und 12 Uhr anrufen. Können Sie sich meine Nummer merken? 88 6 27."

Ferenc: „Sie haben mir das Leben gerettet!"

Hannah: „Übertreiben Sie bloß nicht! – Unser Tanz ist zu Ende. Sie müssen mich jetzt loslassen!"

F. bringt H. zum Tisch zurück und verabschiedet sich mit Handkuss

Ferenc: „Ich bedanke mich bei den Damen für ein großes Tanzvergnügen."

Die Damen lächeln huldvoll. Die Szene ist beendet.

Dritte Szene

1931 In der Etagenwohnung des Ehepaares Rothenberg; Wien, etwa 8. oder 9. Bezirk. Im Salon lümmelt Hannah auf der Chaiselongue. Eugen tritt ein, begrüßt Hannah mit einem „Hallo Schatz" und einem Kuss auf die Wange.

Hannah: „Hast du einen guten Tag gehabt?"

Eugen hat sich einen Drink eingeschenkt und im Fauteuil Platz genommen.

Eugen: „Wie immer halt. – Der neue Steyr 30 wird erst nach der Pariser Messe ausgeliefert und mir sitzt schon seit Wochen der Kahlmoser vom Taxiverbund mit seiner Bestellung von 8 Neuwagen im Nacken. Hoffentlich springt er mir nicht zum Daimler ab."

Das Gespräch macht eine kurze Pause.

Hannah: „Als ich dir neulich erzählt habe, der Professor Horsik hat mir gesagt, es gäbe keinen medizinischen Grund, warum ich nach neun Ehejahren noch nicht schwanger geworden bin, da hast du gemeint, dass es wohl nicht an dir liegen kann. – Bist du dir ganz sicher?"

Eugen: „Ich war mir sicher. – Bis vorgestern."

Hannah: „Was war denn vorgestern? Red' schon!"

Eugen: „Ich war vorgestern beim Professor. Diese beschämende Prozedur mach' ich bestimmt kein zweites Mal!"

Hannah: „Und was also?"

Eugen ist aufgestanden und geht mit gesenktem Kopf nervös hin und her.

Eugen: „Ich bin am Boden zerstört. Er sagt, es liege eindeutig an mir, dass wir keine Kinder bekommen können. Und es hätte nichts mit meinem Alter zu tun, es wäre wahrscheinlich eine Spätfolge meiner Mumpserkrankung in der Jugend. Machen kann man da gar nichts.“ Kleine Pause

Hannah: „Das ist nun wirklich eine schlechte Nachricht. Hannah ist jetzt verunsichert, denn sie weiß jetzt, dass sie Eugen ein Kind nicht einfach unterschieben kann. Aber jetzt wissen wir, dass es nicht an mir liegt, und das scheint mir besser als umgekehrt.“

Eugen hat sich in der Zwischenzeit einen zweiten Drink geholt und blickt missmutig zu Hannah.

Eugen: „Bitte, was soll daran besser sein? So oder so werden wir keine Nachkommen haben. Wenn ich vielleicht in 15 Jahren abtrete, wirst du zum Kinderkriegen zu alt sein und alles, was ich für uns aufgebaut habe, geht den Bach hinunter.“

Hannah: „Ja, das ist schlimm. – Siehst du gar keinen Ausweg?“

Eugen: „Etwa ein Kind adoptieren? Ich glaube nicht, dass das eine gute Lösung ist.“

Hannah: „Eugen, du hast recht. Ein Adoptivkind hätte dann gar nichts von uns beiden. – Aber ICH kann doch Kinder zur Welt bringen und das wären dann unsere Kinder. Wir könnten sie gemeinsam erziehen und formen und du hättest den ersehnten Erben ...“

Eugen: „Halt, halt! Wie soll denn das gehen? Soll uns irgendwer einen Pariser befüllen und Professor Horsik führt dir dann diese Absonderung ein?“

Hannah: „Um Himmels Willen, nein! Das wäre doch äußerst unwürdig. Dazu gebe ich mich keinesfalls her. So eine Prozedur würde ich als eine unnatürliche Vergewaltigung empfinden. Kurze Pause Eugen, mein Kind soll auf natürlichem Weg zum Leben erweckt werden."

Eugen: „Willst du dich etwa SCHEIDEN lassen?!"

Hannah: „Wo denkst du hin. Wir lieben uns und daran wird sich nie etwas ändern! Vergiss für nur kurze Zeit deinen Stolz, spring über deinen Schatten und du kannst ein großartiger Vater werden."

Eugen: „Also im Klartext: Du willst mit einem anderen Mann schlafen und schwanger werden. Das Kind dieses Deckhengstes soll ich aufziehen und als Erben einsetzen. Nein, das ist zu viel, das kann ich mir nicht vorstellen, dazu bin ich nicht bereit!"

Eugen ist wieder aufgesprungen und geht nervös auf und ab.

Hannah: „Bitte sieh das doch realistisch. Wer ist denn der wahre Vater eines Kindes? Derjenige, der für ein paar Sekunden Samen absondert, oder ein Mann, der jahrelang für ein Kind sorgt, es beschützt und ins Leben einführt? Eugen, du wärst sicher ein großartiger Vater!"

Eugen: „Ich wäre ein gehörnter Ehemann, der noch dazu ein Kuckucksei ausbrütet. Was für eine Schande!"

Hannah: „Keine Schande, weil es niemand weiß."

Eugen: „Hast du dir etwa schon jemand ausgesucht?"

Hannah: „Natürlich nicht. So was müsste gut überlegt sein …"

Eugen: „Und wie willst du verhindern, dass so ein Besamer in angeheiterten Herrenrunden mit seiner Eroberung herumprahlt und sich über mich lustig macht?“

Hannah: „Ich habe ihn noch nicht gefunden. – Ich denke er müsste intelligent, seriös und gesund sein. Hm. Am besten ohne Hausmacht und schlecht bei Kasse. Natürlich muss er ledig sein. - Ich könnte behaupten, dass ich keine Kinder bekommen kann und dass mein Mann sehr eifersüchtig ist und ihn ruinieren oder umbringen wird, falls die Affäre auffliegt. Wenn ich dann schwanger bin, wird er froh sein, wenn ich keine Ansprüche stelle.“

Eugen: „Du hast dir offensichtlich alles schon recht schön zurechtgelegt. Ich hätte nicht gedacht, dass meine geliebte Hannah so leichtfertig und hinterhältig über Ehebruch nachdenkt …“

Hannah: „Das siehst du ganz falsch. Es geht doch um ein großes Ziel. Ein Kind für UNS beide. Die Begleitumstände vergessen wir dann schnell …“

Eugen: „Und was passiert, wenn du dich in deinen Besamer verliebst? Dann habe ich dich verloren, liebste Hanni.“

Hannah: „Das kann gar nicht passieren, weil du der beste Gatte bist, den ich mir wünschen kann. Glaube mir, ich möchte nur unser beider Glück vergrößern.“

Hannah geht zu Eugen und umarmt ihn.

„Niemand soll wissen, wer es ist, auch du nicht, damit dich deine Reaktion bei einer zufälligen Begegnung nicht verrät.“

Eugen: „Hannah, du verrennst dich da in was! Das musst du dir noch einmal in Ruhe überlegen. Ich kann mir sowas wirklich nicht vorstellen. – Was du mir da zumutest! Denk nach und wir reden noch einmal darüber.“

Vierte Szene

Ein Hotelzimmer im Stil der Zeit. Ferenc geht in Nähe der Tür nervös auf und ab. – Es klopft. Ferenc öffnet sofort, zieht Hannah ins Zimmer und schließt die Tür geräuschlos.

Ferenc: „Hannah, ich habe dich so sehnsüchtig erwartet und schon befürchtet, du kommst nicht. Mein Gott, wie schön du heute wieder bist!"

Er hält sie in den Armen und küsst sie auf die Wange, weil sie das Gesicht ein wenig zur Seite dreht.

Hannah: Ferenc, es tut mir so leid, aber es ist ein kleines Wunder, dass ich überhaupt da bin."

Hannah zieht eine große Nadel aus ihrem Hut, legt diesen auf die Kommode und beginnt sich von ihrem Mantel zu befreien.

„Ich habe alles gut vorbereitet, Eugen ist heute in Graz, dem Hausmädchen hab' ich freigegeben und plötzlich steht meine Tante vor der Tür."

Ferenc: „Aber du hast sie doch abwimmeln können?"

Hannah: „Du kannst mir glauben, es war nicht ganz leicht. Zwei Glas Portwein habe ich mit ihr trinken müssen; erst dann habe ich sie angebracht und konnte zum Taxistand gehen. Ich glaub' ich hab' jetzt einen kleinen Schwips."

Ferenc: „Das freut mich aber! Der Portwein hat dich vielleicht für meine Zärtlichkeiten noch empfänglicher gemacht …"

Hannah: „Du meinst wohl noch hemmungsloser, du schlimmer Schmusekater."

Ferenc hat Hannah in die die Nähe des Doppelbettes gedrängt und ungefragt begonnen Knöpfe und Häkchen an ihrem Kleid zu öffnen.

Hannah: „Wieso diese Ungeduld?“

Hannah zeigt ihm ein aufreizendes Lächeln und macht sich ihrerseits an das Öffnen seiner Hemdknöpfe.

Ferenc: „Unsere Zeit ist kurz und ich will nicht mehr länger warten. Ich sehne mich nach dir, nach deinem Leib und nach deinem Schoß. Komm schon, hilf mir beim Ausziehen!“

Kleidungsstücke fallen neben die Betten. Mehr nackte Haut. Er bedeckt sie mit Küssen, die immer tiefer wandern. Mit wohligem Seufzen fassen ihre schlanken Finger in sein pechschwarzes Haar. – Kurze Abdunkelung.

Ein paar Minuten später liegen beide entspannt nahe beieinander im Bett.

Hannah: „Ach war das heut‘ wieder gut. Ferenc, du bist ein Liebeskünstler!“

Ferenc: „Hannah, wir haben wieder für nichts vorgesorgt. Bist du sicher, dass du keine Kinder bekommen kannst?“

Hannah: „Ja, da bin ich mir leider ganz sicher. Der Professor hat mich sehr genau untersucht. Sonst könnte ich mich dir nicht so unbeschwert hingeben, mein süßer Ferenc. – Sag mir bitte wie sehr du mich begehrst!“

Ferenc hat sich auf Hannah gelegt.

Ferenc: „Nie in meinem Leben habe ich etwas Schöneres erlebt als die Stunden mit dir, mein Herz. – Aber haben wir beide denn eine Zukunft? Das macht mir Sorgen.“

Hannah: Ach, mein Liebster, wer kennt schon die Zukunft. Ich lebe nur im Jetzt und genieße unser wildes Glück. – Weiter wie bis zu unserem nächsten Stelldichein am kommenden Donnerstag denke ich gar nicht. Und das wirst du nur erleben, wenn du vorsichtig und verschwiegen bist wie ein

Grab. Mein Mann darf keinen Verdacht schöpfen. – Ich habe dich schon vor seiner Eifersucht gewarnt."

Ferenc: „Da kannst du dich auf mich verlassen. – Sag, kannst du mir aus einer kleinen Verlegenheit helfen? Ich glaube, ich habe nicht genug eingesteckt, um das Hotel zu bezahlen. Wenn ich Schulden mache muss ich mich ausweisen …?"

Hannah: „Du Schwerenöter! – Da sind 50 Schilling, das sollte reichen."

Fünfte Szene

Im Künstlerhaus. Vernissage des Malers Anton Vielgucker. Eugen und Hannah begrüßen Bekannte und nippen an ihrem Sektglas. Im Hintergrund erkennt man Ferenc Estvany. Der Künstler kommt auf die Rothenbergs zu.

Vielgucker: „Einen schönen guten Abend, gnädige Frau." Vielgucker deutet einen Handkuss an. „Meine Verehrung, Herr Kommerzialrat Rothenberg. Ich hoffe, dass Sie hier einen netten Abend genießen können und vielleicht gefällt Ihnen das eine oder andere Bild."

Eugen: „Ja, sehr beeindruckend, Meister Vielgucker, was Sie wieder geschaffen haben. Aber ich habe da eine andere Idee. Das absolut schönste Bild habe ich zu Hause, nämlich meine Frau Hannah, jedoch im Kontor in der Firma vermisse ich sie. Da könnte ein schönes Bild von ihr Abhilfe schaffen."

Vielgucker: „Eine brillante Idee! Wenn es den Herrschaften konveniert, besuchen Sie mich am Samstag am Vormittag in meinem Atelier und wir besprechen das Bildnis der gnädigen Frau."

Hannah: „Aber Eugen, willst du dir wirklich ein Gemälde von mir ins Büro hängen?"

Eugen: „Unbedingt, Liebling. Ein Foto von seinem Schatz hat bald jeder am Schreibtisch stehen, aber ein echter ‚Vielgucker' das wäre doch was!"

Vielgucker: „Sehr schmeichelhaft, Herr Kommerzialrat. Ich stehe zu Diensten."

Der Künstler wird von einem anderen Gast von den Rothenbergs entführt. Ferenc Estvany ist inzwischen beim Betrachten der Bilder den

Rothenbergs näher gerückt, wendet sich zum Weitergehen und steht den Rothenbergs plötzlich gegenüber.

Ferenc: „Meine Verehrung, Herr Kommerzialrat."

Eugen: „Ah, der Herr Estvany! Guten Abend wünsche ich. Meine Frau Hannah kennen Sie wohl noch nicht?"

Ferenc: „Gnädige Frau, ich bin entzückt, Ihre Bekanntschaft zu machen."

Hannah: schenkt ihm ein gequältes Lächeln. „Ganz meinerseits, Herr Estasy."

Jetzt lächelt Ferenc säuerlich.

Eugen: „Na Herr Estvany, haben Sie schon über mein Angebot für den Steyr XX nachgedacht? Einen besseren Preis werden Sie woanders nicht bekommen."

Ferenc: „Sie wissen es selbst, Herr Kommerzialrat, die Zeiten sind schlecht. Ich muss mir jede Anschaffung gut überlegen. Aber ich werde auf Sie zukommen, wenn ein Autokauf spruchreif wird."

Eugen: „Na dann. – Bitte entschuldigen Sie mich, dort winkt der Senatsrat Koller."

Er geht ein paar Schritte nach rechts.

Hannah: „Ferenc, wieso bist du hier? Bitte geh!"

Hannah hat die Worte leise in Richtung Ferenc gezischt.

Ferenc: „Wie sollte ich wissen, dass du zum Autohaus Rothenberg gehörst?" Dann laut und förmlich: „Noch einen schönen Abend, gnädige Frau."

Eugen ist zu seiner Frau zurückgekommen, Ferenc ist abgetaucht.

Eugen: „Nicht gerade meine Wunschkundschaft. Der Estvany hat kleine Vertretungen und handelt mit mickrigen Antiquitäten. Spielschulden soll er auch haben. Ich hab‘ mich erkundigt. Ein Auto kriegt der bei mir nur gegen Barzahlung.“

Hannah: „Gut, dass du so umsichtig bist. Bei dir kann sich halt eine Frau wirklich sicher fühlen. Komm, schau‘n wir uns noch die Landschaftsbilder im zweiten Raum an und dann sollten wir nach Haus fahren.“

Sechste Szene

Im Atelier von Anton Vielgucker. Magdalena Vielgucker hat das Ehepaar Rothenberg heraufgeführt.

Vielgucker: „Gnädige Frau, Herr Kommerzialrat, herzlich willkommen. Ich freue mich, dass Sie meiner Einladung gefolgt sind. Es geht also um ein Bildnis der gnädigen Frau?"

Eugen: „So ist es, Meister Vielgucker. Ich möchte, dass meine Frau möglichst repräsentativ dargestellt wird. Daher soll das Bildnis auch nicht zu klein ausfallen. Ich habe ja schon angedeutet, es soll in der Firma mein Arbeitszimmer schmücken."

Vielgucker: „Möchten sich die Herrschaften in meiner Werkstatt ein wenig umsehen? Dort drüben steht ein neues Bild meiner Frau …"

Eugen befindet sich schon auf einem neugierigen Rundgang.

Eugen: „Also, so dürfen Sie meine Frau nicht darstellen!"

Eugen ist vor einem Aktgemälde stehen geblieben und betrachtet eingehend das Bild, das eine junge Frau in einem reifen Getreidefeld darstellt, die mit erhobenen Armen ein Getreidebüschel über ihrem Kopf hält und ein wenig verschämt zur Seite blickt. Ihr dunkelblondes Schamhaar korrespondiert mit dem goldgelben Getreide.

Vielgucker: „Natürlich nicht, Herr Kommerzialrat. – Gefällt Ihnen das Bild? Ich habe es ‚Ährenmaid' getauft. Sie können es kaufen."

Eugen: „Nein, nein, ich wüsste nicht, wo ich es aufhängen könnte. Aber kommen wir wieder zur Sache."

Hannah mischt sich ein.

Hannah: „Wie könnte denn das Arrangement für mein Bild aussehen? Was für Kleidung wäre passend?“

Vielgucker: „Also, ich habe da im Atelier einen eindrucksvollen Sessel aus dunklem Holz. Wenn Sie vielleicht zur Dachterrasse kommen. Da steht er. - Figural geschnitzt, an den Altdeutschen Stil angelehnt, mit Leder gepolstert, man könnte sagen, beinahe ein kleiner Thron. Als Kontrast empfehle ich gnädiger Frau, helle Kleidung zu tragen.“

Eugen: „Das macht bestimmt Eindruck. Was sagst du dazu, Hannah?“

Hannah: „Nun ja, Meister Vielgucker wird schon wissen, was gut wirkt. Ich hätte ein rosa Seidenkleid und ich könnte die helle Brokatjacke mit der weißen Pelzverbrämung nehmen. – Vielleicht ist der Polarfuchs aber zu voluminös?“

Vielgucker: „Ganz sicher nicht, gnädige Frau, mit diesen Kleidungsstücken wird Ihre strahlende Erscheinung ausgezeichnet zur Geltung kommen. Ich denke, mit vier Sitzungen von etwa ein bis zwei Stunden kommen wir aus. Dann habe ich genug Skizzen und Farbproben beisammen und ich kann das Bild fertig machen. Vielleicht zum Abschluss noch einmal eine Sitzung zur Feinabstimmung.“

Eugen: „Also gut, wann könnte das Werk fertig sein und was soll es kosten?“

Vielgucker: „Ich werde mir wohl acht Wochen einplanen müssen, aber sicher ist das Bild noch vor meinem Urlaub fertig. Die Kosten richten sich auch ein wenig nach meinem Zeitaufwand. Ich kann mir ein Honorar von 1.200 bis 1.500 Schilling vorstellen. Kommt noch der Rahmen mit etwa 150 dazu.“

Eugen: „Ts, Ts, Ts. Na ja, einem ‚Vielgucker' eben angemessen. Also dann machen wir es so. Hannah, vielleicht kannst du gleich den ersten Sitzungstermin vereinbaren?"

Vielgucker: „Gnädige Frau, wie wäre es am kommenden Dienstag?"

Hannah: „Wäre Ihnen Nachmittag, 4 Uhr, recht?"

Vielgucker: „Ja, das passt gut. Ich freue mich auf diese Arbeit. Ich werde mein Bestes geben. Also bis Dienstag. Auf Wiedersehen, die Herrschaften."

Eugen und Hannah: „Auf Wiedersehen."

Siebte Szene

Das schon bekannte Hotelzimmer. Hannah und Ferenc liegen im Doppelbett. Ferenc liegt auf dem Rücken und Hannah kuschelt sich an ihn.

Hannah: „Ich habe nicht gewusst, dass ein Liebesakt so schön sein kann. - Ferenc, du hast mir eine wonnevolle Seite des Lebens eröffnet. Was du mit mir machst, habe ich mir vor ein paar Monaten noch nicht einmal vorstellen können. Meine Freundin Theresa – das ist die Dame, die bei mir war, als wir uns im Kursalon kennenlernten – hat mir im Frühjahr heimlich ein Buch in die Hand gedrückt und mir zugeflüstert, es sei sehr obszön. Es ist von einem Engländer geschrieben worden und heißt ‚Lady Chatterley und ihr Liebhaber'. Kennst du das Buch?"

Ferenc: „Nein. Worum geht's denn da? Erzähl!"

Hannah: „Also, da geht es um Ehebruch und eine sehr lustbetonte Liebesbeziehung, die bis ins Detail beschrieben wird. Ich habe nicht glauben können, dass es so etwas gibt, und es als Hirngespinst eines Erotomanen abgetan. Und jetzt erlebe ich diese Wonnen selber – durch dich, mein Liebster!" Sie küsst ihn.

Ferenc: „Was wir beide erleben, ist aber kein Romangespinst, sondern der höchste und wahre Gipfel des Lebens. Ich glaube, ich muss das Buch auch lesen. Könnte ich da noch etwas lernen?"

Hannah: „Nein, Liebster, du kannst bleiben, wie du bist."

Ferenc: „Hat denn die Geschichte in dem Buch ein glückliches Ende?"

Hannah: „Nicht wirklich. Es geht in Richtung Ehescheidung, aber das Schicksal der Liebenden bleibt offen."

Ferenc: „Und wie soll es bei uns beiden weitergehen? Ich kann mir ein Leben ohne dich nicht mehr vorstellen.

Hannah: „Ich kann mir das auch kaum vorstellen, aber wir leben nicht in einer Romanwelt. Wir beide sind erwachsen und haben gelernt, dass Affären meist ein Ende nehmen. Am besten, wir denken nicht daran und genießen jede lustvolle Stunde, die uns geschenkt ist, und bereiten die nächste vor."

Ferenc: „Nein, meine liebste Hannah, ich denke weiter. Lass dich scheiden und heirate mich! Wir werden glücklich sein bis ans Ende unserer Tage."

Ferenc beugt sich über Hannah und schaut ihr mit ernster Miene in die Augen.

Hannah: „Ferenc, wie stellst du dir das vor? Du hast weder ein fixes Einkommen noch ein Vermögen und ich bin halt ein verwöhntes Frauenzimmer. Liebe und Ehe sind sehr verschiedene Dinge. Liebe braucht Herz und Lust, das ist unser beider Welt, aber Ehe braucht Sicherheit und Geld und daran fehlt es uns. – Zumindest zum jetzigen Zeitpunkt."

Ferenc: „Du bist nicht nur eine verwöhnte Frau, sondern auch sehr kleinmütig. Ich kann das hinkriegen. Du forderst bei der Scheidung deine Mitgift zurück und wir beide ziehen nach Budapest. Dort hat mein Onkel ein kleines Hotel. Er ist schon über 60 und wird froh sein, wenn wir mitarbeiten. Er hat keine Kinder und wir wären die idealen Erben."

Hannah: „Das sind Luftschlösser. Außerdem will ich auf keinen Fall nach Budapest ziehen. Meine Verwandten und Freunde leben alle in Wien und Umgebung. Du musst das verstehen. Mein jetziges Leben an der Seite von Eugen ist ziemlich perfekt, bis eben auf das eine, das nur wir beide mitsammen erleben."

Ferenc: „So ist das also. Für unsere Liebe würdest du nicht auf dein bequemes Leben als Frau Kommerzialrat Rothenberg verzichten …"

Hannah ist aufgestanden und beginnt sich anzuziehen.

Hannah: „Du siehst das zu eng, Liebster. Freu dich über das, was wir beide zusammen haben. Nicht vielen Menschen ist so ein Glück gegönnt. – So, ich muss jetzt aber gehen, sonst kann ich nicht zu Haus sein, bevor Eugen aus Graz zurück ist. Wir sehen uns nächsten Donnerstag wieder?"

Eugen: „Es wird der Tag kommen, da lasse ich dich nicht mehr nach Hause gehen. Ich werde dich entführen und mit dir ins Paradies reiten. – Jetzt beginnen für mich wieder die Höllentage, in denen mich die Vorstellung quält, du im Bett mit deinem Mann! Schon heute beginne ich die Tage bis Donnerstag zu zählen."

Ferenc ist auch aufgestanden und küsst Hannah leidenschaftlich zum Abschied. Hannah muss sich seiner Umarmung entziehen um weggehen zu können.

Achte Szene

Wohnung der Rothenbergs. Hannah betritt den Salon. Dort sitzt Eugen und liest in einem Journal.

Hannah: „Eugen, du bist schon zurück? Hat in Graz alles geklappt?"

Eugen: „Ja, bestens. Und wieso kommst du so spät nach Haus?"

Hannah: „Ich habe Theresa getroffen und wir haben uns im Kaffeehaus ein wenig verplaudert. Du weißt bestimmt noch nicht das Neueste. Theresa ist wieder guter Hoffnung. Im November soll es so weit sein."

Eugen: „So so, na dann sind wir gleich beim Thema. Ich habe nämlich über deinen Vorschlag nachgedacht, wie wir zu einem Kind und Erben kommen könnten. Das Ziel so einer Aktion ist lobenswert, aber der Weg dorthin ist für mich schlichtweg eine Zumutung. Du willst dir einen Mann suchen, mit ihm ins Bett gehen und ich soll nicht einmal erfahren, wer der Glückliche ist. Das geht gar nicht. Ich müsste da zumindest ein Mitspracherecht haben."

Hannah: „Mein Gott, Eugen, wie stellst du dir das vor? Willst du ihn womöglich aussuchen und ihm ein Angebot machen? Also, so geht das sicher nicht!"

Eugen: „Ich werde niemandem ein Angebot machen. Ich bin ja nicht blöd, aber ich möchte zumindest ein Vetorecht, wenn mir deine Wahl nicht passt."

Hannah: „Jetzt sag' ich dir, wo das hinführen kann. Ich nähere mich einem Mann, mache ihm Avancen auf Intimität und vereinbare mit ihm ein Rendezvous. Dann frag ich dich, du bewertest ihn, lehnst ihn ab und ich sage das Treffen ab. So machen wir das noch ein paar Mal und bald weiß ganz Wien, die Frau Rothenberg sucht dringend einen Liebhaber, aber sie traut sich nicht recht."

Eugen: „So geht es natürlich nicht. - Aber ich könnte dir zwei oder drei passende Kandidaten benennen und du machst daraus das Beste."

Hannah: „Du wirst doch nicht glauben, dass ich mich an einen Mann anbiedere und versuche ihn zu verführen? Ich bin doch keine Gunstgewerblerin! Nein, ich möchte, dass alles auf natürliche Art geschieht. Wenn ich ihm gefalle, macht er den ersten Schritt und wenn ich ihn auch sympathisch und passend finde, mache ich ihm ein wenig Hoffnung. So geht das!"

Eugen: „Also das ganze Spiel, das auch wir beide einmal durchgespielt haben …"

Hannah: „Ja, in der Tat, so führt es ins Bett! Aber es führt nicht wie bei uns beiden zum Traualtar. Genau diesen natürlichen Ablauf wünsche ich mir für unser Kind. Es muss in einem normalen Akt gezeugt werden. Das ist nach meiner Meinung eine Voraussetzung, dass es einmal ein glücklicher Mensch werden kann."

Eugen: „Du fantasierst dich da in etwas hinein. Eine Begattung, egal wo und wie, und die Sache muss erledigt sein."

Hannah: „Eugen, du bist ein Ahnungsloser. Mit einem Akt wird wohl gar nichts erledigt sein. Manche Paare, zum Beispiel die Bodenmayr, haben ein Jahr …"

Eugen: „Du bist verrückt! Du kannst doch nicht wochen- oder monatelang mit einem Liebhaber unsere Ehe verhöhnen. Nein, so geht das nicht! Schlag dir das aus dem Kopf! Durch so eine Sache zerstören wir unsere Beziehung. Da verzichte ich lieber auf Nachwuchs, der sowieso nicht der meine wäre."

Hannah: „Eugen, ich habe bei dir auf mehr Entgegenkommen gehofft. Ich verstehe nicht, dass dein männlicher Stolz unser Familienglück verhindern soll. Von einem liebenden Gatten habe ich mir mehr erwartet."

Neunte Szene

Im Atelier von Anton Vielgucker. Hannah, im rosa Seidenkleid, aber ohne die pelzverbrämte Jacke, sitzt auf dem thronartigen, dunklen Holzstuhl. Der Maler steht hinter der Staffelei.

Vielgucker: Das wird heute unsere vorerst letzte Sitzung sein, gnädige Frau. Dass Sie heute ohne ihre Jacke gekommen sind, ist bei dem heißen Wetter mehr als verständlich. – Brauchen wir auch nicht mehr; da hab' ich schon genug Material."

Hannah: Was ich bis jetzt gesehen habe, gefällt mir sehr gut. Sie malen sehr echt nach der Natur."

Vielgucker: „Das ist nicht ganz richtig. Heutzutage kann man mit einer Farbfotografie die Natur noch exakter abbilden, als ich es mit dem Pinsel kann. Meine Kunst versucht, das inhaltlich Wesentliche ohne sichtbare Überzeichnung zu betonen. In meinen Landschaftsbildern zum Beispiel die Farbnuancen, das Licht …"

Hannah: „Meister, und was betonen Sie bei meinem Bild?"

Vielgucker: Ich beschönige nichts. Zum Beispiel sind Ihre beiden Nasenflügel ein wenig ungleich. Das stört überhaupt nicht, aber zum Beispiel den Grünschimmer Ihrer wunderschönen Augen habe ich ein wenig betont."

Hannah: „Und was möchten Sie ausdrücken?"

Vielgucker: „Sie strahlen Lebendigkeit aus, Gnädigste. Und trotz Ihres noch jugendlichen Alters eine unübersehbare Reife. - Auch wenn man in guten Verhältnissen lebt, fügt einem das Leben trotzdem kleine Narben zu und die sind die Farben des Lebens. Ist es nicht so?“

Hannah: „Ja, Meister, Sie haben Recht. Nicht jeder Wunsch geht in Erfüllung. Versuchen wir nicht alle, Glück, Liebe und Geborgenheit zusammenzuführen? Oder muss man nicht auch manchmal Kompromisse akzeptieren?“

Vielgucker: „Das muss man doch fast immer, gnädige Frau.

– Kurze Gesprächspause

Hannah: „In Ihrem Stil unterscheiden Sie sich doch sehr von den anderen Malern unserer Zeit?“

Vielgucker: „Das stimmt, aber ich schätze meine Kollegen, die sich anderen Stilrichtungen, insbesondere dem Jugendstil oder dem Expressionismus, zugewandt haben, sehr. Jeder ist auf seine persönliche Art geprägt worden; der eine durch die Gräuel des Krieges, der andere durch Eros, Not und Tod. Mich hat eben die Natur geprägt. Der diene ich so gut es mir möglich ist und hoffe, dass ich ihre Schönheit voll zum Glänzen bringen kann. – So, für heute sind wir fertig. Ich melde mich, wenn noch eine Sitzung für die Endausfertigung nötig ist. Danke, gnädige Frau, auf Wiedersehen und eine Empfehlung an den Herrn Gemahl.“

Hannah: „Ich habe zu danken. Ich freue mich schon auf das fertige Bild. Mein Mann wird entzückt sein. Auf Wiedersehen.“

Zehnte Szene

Das Gartenhaus einer gepflegten Villa in Wien Sievering. Hannah und Ferenc treten Hand und Hand ein.

Ferenc: „Ich habe mich schon sehr über deine Nachricht gewundert. Dass wir uns heute hier in Sievering treffen, ist etwas ganz Neues. Sind wir da auch sicher?“

Hannah: „Absolut. Das Haus gehört meiner Tante, die jetzt auf Kur in Gastein ist. Ich hab‘ ihr versprochen, dass ich zweimal Nachschau halte, weil sie auch ihre Hausangestellten auf Urlaub geschickt hat. Schau Ferenc, du brauchst kein Geld fürs Hotel und das Gartenhaus ist auch einmal eine Abwechslung ...“

Ferenc: „Das schon, aber heute gibt es kein Bett und ich werde dich auf dem Tisch lieben müssen.“

Hannah: „Welche Stellung hast du dir dazu ausgedacht? Aber Polster legen wir schon unter! Komm her, zuerst musst du mich aber erst einmal in die Arme nehmen und so richtig küssen.“

Nach heißen Küssen legen sie gemeinsam Pölster auf den Tisch und beginnen sich gegenseitig zu entkleiden. – Kurze Verdunkelung.

Nach dem Liebesakt, halb angezogen auf einer Rattanbank. Hannah sitzt und in ihrem Schoß ist der Kopf von Ferenc gebettet, der neben ihr auf der Bank liegt.

Ferenc: „Du hast heute besonders blühend ausgesehen und deine Brüste kommen mir größer vor. Der Sommer tut dir einfach gut.“

Hannah: „Ach Liebster, es ist etwas komplizierter, als du denkst. – Das war heute vielleicht unsere letzte Umarmung …"

Ferenc: „Hannah, was soll der Unsinn?"

Hannah zögert mit der Antwort.

Hannah: „Ferenc, ich bin schwanger."

Ferenc: „Du kannst doch gar keine Kinder bekommen! Das hat man dir doch gesagt."

Hannah: „Mein Arzt muss sich geirrt haben. So etwas gibt es."

Ferenc: „Nicht doch; wie viele Tage bist du drüber?"

Hannah: „Nicht Tage, mein Lieber, ich bin im zweiten Monat."

Ferenc: „Und was wird dein Mann dazu sagen?"

Hannah: „Er wird sich bestimmt freuen, er wollte schon immer ein Kind. Ich darf aber jetzt auf keinen Fall meine Ehe in Gefahr bringen."

Ferenc ist verstört und denkt kurz nach.

Ferenc: „Das ist doch offensichtlich ganz anders! – Du bist über neun Jahre verheiratet und hast kein Kind bekommen und jetzt, nach vier Monaten mit mir, bist du auf einmal guter Hoffnung. Hannah! Das ist dein und mein Kind!"

Ferenc ist aufgesprungen und geht erregt auf und ab.

„Das ändert jetzt alles. Du wirst dich scheiden lassen, wir werden heiraten und nach Budapest ziehen …"

Hannah: „Ferenc, hör' auf mit solchen Hirngespinsten! Wir können überhaupt nicht sicher sein, ob ich von dir schwanger bin. Wie du weißt, muss ich auch manchmal meinem Mann zu Diensten sein. – Vielleicht kennst du auch das lateinische Sprichwort: mater certa, pater incertus. Ich kann einfach meinen Mann nicht verlassen. Sei froh, wenn es eine Lösung gibt, die dich nicht belastet."

Ferenc: „Hannah, dich leiten jetzt Ängste. Du willst jetzt kein Risiko eingehen, du bist in Sorge um dich und das Kind. Das verstehe ich. Aber denk' darüber nach und du wirst auch zu dem Schluss kommen, ein Kind ist am besten bei seinen leiblichen Eltern aufgehoben. Und denk auch an mich, ich kann und will weder auf dich noch auf mein Kind verzichten. - Ein Kind und eine so einzigartige, schöne Frau wie du würden mein Leben großartig machen."

Hannah: „Eine Scheidung und die Trennung von Eugen, würde mein Leben bestimmt nicht großartig machen. Ferenc, du wirst für immer meine große Liebe und Leidenschaft bleiben, aber selbst wenn wir so unbeschwert wie bisher weitermachen könnten, gäbe es Abnützungserscheinungen. Und erst recht der graue Alltag einer Ehe in Budapest! Der würde fast alles auslöschen. Sieh das doch ein! Hannah dreht sich zur Seite und schnieft. „Geh' jetzt bitte, bevor ich zu heulen anfange, und denk nochmals über alles nach."

Eugen hat sich fertig angezogen und steht mit verbitterter Miene vor Hannah. Dann erfasst er Hannahs Hand, küsst sie und verlässt wortlos das Gartenhaus und das Grundstück.

Elfte Szene

Autohaus Rothenberg, Arbeits- und Empfangszimmer von Eugen. Die Sekretärin tritt ein.

Sekretärin: „Herr Rothenberg, der Herr Vielgucker wäre mit einem Bild da."

Eugen: „Sehr gut, er soll hereinkommen. – Ah, Gott zum Gruße, Meister. Das ist aber eine Freude. Bitte nur herein."

Vielgucker: „Ich begrüße Sie, Herr Kommerzialrat, ich darf Ihnen das Ergebnis meiner Mühen zeigen? Ich denke, die gnädige Frau kommt sehr gut zur Geltung."

Das Bild wird ausgepackt und von Eugen eingehend betrachtet.

Eugen: „Na dann lassen Sie einmal sehen. - Ja, wirklich sehr schön! Das wird das Glanzstück in meinem Büro sein. Könnten wir es gleich aufhängen?"

Vielgucker: „Natürlich. An der Wand hinter Ihrem Schreibtisch? Da strahlt dann die gnädige Frau Ihren Besuchern entgegen ..."

Eugen: „Nein, nein, Herr Vielgucker, das Bild ist nicht für meine Kunden, sondern für mich! Da, oberhalb der Sitzgruppe hängen wir es auf, dann kann ich meine liebe Frau immer im Blick haben."

Der Assistent von Meister Vielgucker und ein Angestellter des Hauses hängen das Bild auf.

Eugen: „Ausgezeichnet! So passt es gut."

Vielgucker: „Darf ich Ihnen gleich die Rechnung vorlegen? Wir sind im vereinbarten Rahmen geblieben. In Summe beläuft es sich auf 1.600 Schilling."

Die Rechnung wird übergeben.

Eugen: „Also gut, so soll es sein. Ich werde den Betrag umgehend überweisen. – Das Bild ist sehr ansprechend. Ich bin wirklich sehr zufrieden. Danke, Meister Vielgucker."

Kaum haben sich Vielgucker und sein Assistent verabschiedet und den Raum verlassen, tritt forsch Ferenc Estvany ein. Hinter ihm steht die Sekretärin und zuckt mit den Schultern.

Eugen: „Ah, der Herr Estvany! Haben wir einen Termin vereinbart? Nicht, dass ich wüsste …? Bitte nehmen Sie Platz."

Ferenc: „Nein, haben wir nicht, aber die Sache ist wichtig!"

Eugen: „Pressiert es jetzt so mit dem Autokauf? Also ein paar Wochen Lieferzeit …"

Ferenc: „Davon ist nicht die Rede. Es geht um diese Dame." Er zeigt auf das Bild schräg hinter sich. „Hannah und ich sind in Liebe verbunden."

Eugen: „Was…?"

Ferenc: „Geben Sie Hannah frei, sie gehört jetzt zu mir!"

Eugen: „Halt, mein Lieber, ich glaube, Sie bilden sich da etwas ein! Meine Frau liebt mich und ist mir treu. Sie sollten auf der Stelle kehrt machen, sonst lasse ich …"

Ferenc: „Wir lieben uns schon längere Zeit und jetzt erwartet Hannah von mir ein Kind. Diese Frau gehört jetzt zu mir!"

Eugen bebt und atmet schwer, aber er beherrscht seine aufsteigende Wut.

Eugen: „Reden Sie nicht weiter! Diese Geschichte glaube ich einfach nicht und die einzige Person, die Licht in Ihr wirres Gerede bringen kann, ist Hannah. Die Sache werden wir daher gemeinsam klären müssen. Seien sie froh, dass wir nicht mehr im Zeitalter der Ehrenduelle leben. Ich bin nämlich ein sehr guter Schütze ..."

Ferenc: „Als ehemaliger Husar muss ich mich vor niemandem fürchten ..."

Eugen: „Halten Sie jetzt den Mund! Kommen Sie heute um 9 Uhr am Abend in meine Wohnung. Hannah wird da sein und wir werden versuchen, alles wie zivilisierte Menschen zu klären. Habe die Ehre; und jetzt raus aus meinem Büro!"

Ferenc deutet eine knappe Verbeugung an und stürmt aus dem Büro.

Eugen sitzt wie betäubt an seinem Schreibtisch. Nach kurzem Innehalten greift er zum Telefon und lässt sich mit seiner Wohnung verbinden. Nach dem Hausmädchen kommt Hannah ans Telefon.

Eugen: Mit mühsam beherrschter Stimme „Hannah, ich hoffe, du hast nichts Wichtiges vor?" – „Du kommst gerade von der Modistin? Sehr gut, komm bitte gleich in die Firma! Das Bild vom Vielgucker ist geliefert worden. Zur Feier des Tages fahren wir dann auf den Cobenzl zum Essen." Hannah antwortet offenbar zustimmend.

„Schön, dann bis bald." Eugen legt den Hörer auf. Seine Hände zittern.

Zwölfte Szene

In der Etagenwohnung der Rothenbergs, im Speisezimmer.

Hannah: „Leni, Sie können abservieren. Wir gehen in den Salon. Bringen's uns bitte den Wein hinüber und vielleicht etwas Obst."

Leni: „Sehr wohl, gnädige Frau."

Die Rothenbergs gehen hinüber in den Salon.

Hannah: „Eugen, du hast mir heute mit dem Bild und dem kleinen Ausflug eine große Freude gemacht."

Eugen: „Ja, das war meine Absicht, aber man soll den Tag nicht vor dem Abend loben. – Wir werden heute noch Besuch bekommen."

Hannah: „Hast du dich noch mit einem Kunden verabredet?"

Eugen: „Aber nein, mein Liebes. Lass dich überraschen."

Hannah: „Jetzt bin ich aber gespannt."

Man trinkt etwas Wein und Hannah beginnt in einem Modeheft zu blättern. – Es läutet.

Die Salontüre wird geöffnet und bevor Leni den Gast ankündigen kann, tritt Estvany herein.

Ferenc: „Guten Abend, die Herrschaften."

Er bleibt mit unfreundlicher Miene starr stehen.

Eugen: „Bitte herein, Herr Estvany. Nehmen Sie Platz."

Hannah hat inzwischen mit entsetzter Miene zu Ferenc geschaut.

Eugen: „Ich glaube, ich muss dir etwas erklären, liebste Hannah. Der Herr Estvany war heute bei mir im Büro und hat um deine Hand angehalten. Das war eine große Überraschung für mich und ich hab' ihm gesagt, da müssen wir schon auch mit dir sprechen, denn ohne deine Einwilligung kann das ja nichts werden."

Hannah: „Eugen, was soll das? Solch schlechte Scherze sind nicht deine Art."

Eugen: „Kein schlechter Scherz, sondern traurige Wirklichkeit …"

Ferenc: „Hannah, ich habe deinem Mann die Wahrheit gesagt, nämlich dass wir beide ein Paar sind und unser Kind erwarten." Bevor er fortfahren kann:

Eugen: „Da hörst du es …"

Ferenc: „Er soll dich in Ehren entlassen und nur das aufgeben, was ihm schon lange nicht mehr gehört."

Hannah: „Ich glaub', ich werde verrückt! EUGEN, WIR gehören doch zusammen."

Eugen: „Da bin ich mir jetzt nicht mehr sicher, liebste Hannah. Wenn du in ihn so verliebt bist und sein Kind erwartest …"

Hannah: „Oh mein Gott! Ihr beiden seid euch offensichtlich schon einig geworden! Eugen, willst du mich los werden, willst du mich verschachern? Jetzt musst du dem Herrn Estvany schon auch die volle Wahrheit erzählen. Wir beide hatten einen ungewöhnlichen Plan, über dessen Ausführung wir uns nicht ganz einig waren. Ich war nur etwas zu voreilig ..."

Ferenc: „Hannah, was für ein Plan?“

Ferenc ist aufgesprungen. - Hannah atmet schwer, Eugen mit auffordernder Geste.

Eugen: „Na los, sag’s ihm, Hannah! Er wird es aushalten.“

Hannah: zögert „Ich wollte unbedingt ein Kind, Ferenc. Aber nur von einem Mann, den ich auch mag. Ferenc, dich habe ich ausgesucht.“

Hannah ist inzwischen in Tränen aufgelöst.

Ferenc: „Wie bitte, du hast einen Deckhengst gebraucht und dazu hast du mich ausgesucht? Du hast mir Liebe und Leidenschaft vorgespielt ...“

Hannah: „Nicht vorgespielt; meine Gefühle waren echt.“

Ferenc: „Nichts da, ausgenützt und betrogen habt ihr beide mich. Als potenten Stier habt ihr mich missbraucht. Aber das macht man nicht ungestraft mit einem Estvany vom 4. Husarenregiment! Aus diesem Betrug wird es kein Kind geben!“

Ferenc hat bei diesen Worten eine Pistole gezogen und richtet sie auf Hannah. Eugen ist aufgesprungen.

Eugen: „Bitte mäßigen Sie sich! Wir müssen das wie vernünftige Menschen klären ...“

Ferenc: „Du elender, impotenter Kuppler hältst jetzt schön den Mund! Wenn ich mit Hannah fertig bin, komme ich zu dir.“

Hannah: „Ferenc, du verlangst doch nicht, dass ich das Kind wegmachen lasse? Bitte ...“

Ferenc: „Brauchst du nicht; es gibt eine bessere Lösung." Er fuchtelt mit der Waffe vor Hannah herum. „Du wirst das Kind ins Grab mitnehmen!"

Hannah: „Ferenc, mach uns nicht alle unglücklich!"

Ferenc: „In eurem Blut werde ich meine Ehre reinwaschen!"

Er hebt die Waffe und drückt ab. Hannah sinkt mitten ins Herz getroffen auf die Bank. Eugen will sich dazwischen werfen und wird aus nächster Nähe mit einem Kopfschuss niedergestreckt.

Ferenc wischt die Waffe ab und drückt sie Eugen in die Hand. Dann stürmt er aus dem Salon, wobei er fast Leni niederrennt.

Ferenc: „Holen Sie die Rettung und die Polizei! Die beiden wollen sich umbringen."

Er verlässt die Wohnung im Laufschritt. Der Hausmeister, der auch von den Schüssen aufgeschreckt wurde, sieht Ferenc nur mehr von hinten aus dem Haus stürmen.

Epilog

Im Stiegenhaus der Rothenbergs.

Hausmeisterin: „Na, des hätt i ma ned dacht von die Rothenberg! So vornehme Leut! Wissen's, i glaub, sie war schwanger – aber vielleicht ned von ehm."

Nachbarin: „Ka Wunder wan erm dann die Sicherung durchbrennt. Jedenfalls erna Besuch hat si furchterlich gschreckt und is glei abpascht, hat die Leni gsagt." –

Hausmeisterin: „So a Tragödie! Murgen is des Begräbnis. - Zwa Leichen! Do hob'n die Pompfineber an Feiertog."

Der Vorhang fällt

Baurat h.c. Dipl.-Ing. Peter Kirsch

Geb. am 14.01.1940 in Wien, Volksschule in Aschach an der Donau, Mittelschule in Gmunden und am BRG Linz, Khevenhüllerstraße. Bauingenieurstudium an der TH Wien von 1958 bis 1964.
Angestellter im Zivilingenieurbüro Kurt Wenzel in Linz von 1964 bis Ende 1976
Verheiratet seit 1966, zwei Kinder.

Übernahme des Büros von Kurt Wenzel, zusammen mit Fritz Muchitsch. Ab Jänner 1977 freiberuflicher Ziviltechniker in Linz bis 2006. Nach der Büroübergabe an Jüngere weiterhin Mitarbeit bei KMP ZT GmbH als Seniorkonsulent.

Der Schwerpunkt der Berufsarbeit lag, beim Massivbrückenbau, anfangs überwiegend Planungen von Spannbetonbrücken, ab 1980 zunehmend Inspektion, Instandsetzungen und Teilerneuerungen, häufig unter Verkehrsaufrechterhaltung.

Ehrenamtliche Mitarbeit bei verschiedenen Fachausschüssen des Österreichischen Normungsinstitutes (Austrian Standards) von 1971 bis 2006, Träger der Ehrennadel für 25 Jahre Mitarbeit.
Fachtechnische Arbeitskreise des ÖVBB. Diverse Studien und Regelwerke, 14 Veröffentlichungen in Fachzeitschriften, einige Vorträge bei Fachseminaren.

1993 Verleihung des Ehrentitels Baurat h.c.

1996 Staatspreis für Consulting (Erneuerung der Pilzbrücken unter Verkehr)
2016 Silbernes Verdienstzeichen des Landes Oberösterreich

Peter Kirsch schreibt seit 2012, vorwiegend Erzählungen und Kurzgeschichten

Außerdem von Peter Kirsch erschienen:

LEIDENSCHAFT: Erzählungen und Kurzgeschichten

Wie viel Fantasie braucht ein Bauingenieur? Mehr als man glaubt. Und wenn er keine Brücken mehr plant, dann entsteht so etwas wie dieses Buch. Heiteres, Spannendes, Skurriles, gewürzt mit Liebe und Erotik, alles eingebettet ins Leben. Wenn Sie beim Lesen gerne weinen, wird Sie dieses Buch enttäuschen, aber es verträgt sich gut mit einem Glas Rotwein und zartbitterer Schokolade.

308 Seiten

23,00 Euro

ISBN 978-3903259065